INVESTIGACIONES BÍBLICAS

DEL NUEVO TESTAMENTO

12 LECCIONES PARA QUE LOS NIÑOS DESCUBRAN LAS VERDADES DE DIOS

LUIS Y SANDY LOPEZ

e625.com

e625.com

INVESTIGACIONES BÍBLICAS DEL NUEVO TESTAMENTO
Luis y Sandy Lopez

Publicado por especialidades625® © 2019
Dallas, Texas Estados Unidos de América.

ISBN 978-1-946707-20-8

Todas las citas Bíblicas son de la Nueva Biblia al Día (NBD).

Editado por: Virginia Altare
Diseño de portada e interior: Creatorstudio.net
Ilustraciones: José Traghetti

ÍNDICE

INTRODUCCIÓN

En busca de la voz perdida

En nuestras *"Investigaciones Bíblicas del Antiguo Testamento"* terminamos con la historia de Malaquías, cuando éste profetizó la venida de dos mensajeros importantes. Sin embargo, ya habían pasado cuatrocientos años y no se había escuchado ningún mensaje ni había llegado ninguno de los mensajeros.

No había ningún profeta, ni parecía verse ninguna iniciativa de parte de Dios para hablar a su pueblo. Todos lo buscaban. Los judíos siguieron fielmente todas las tradiciones ordenadas en el Antiguo Testamento para caminar rectamente delante de Dios.

Es difícil imaginar cuatrocientos años de silencio. ¿Cuántas generaciones nacieron y murieron con la expectativa de lo que Dios les diría? El seguimiento de las muchas prácticas religiosas los mantenía en una constate búsqueda de la voz perdida. Todos esperaban instrucciones y, lo más importante, la salvación de la esclavitud, ya que el imperio Romano tenía al pueblo de Israel bajo su dominio.

Nuestras *"Investigaciones Bíblicas del Nuevo Testamento"* nos llevarán por un viaje maravilloso para descubrir cómo Dios rompió el silencio de esos cuatrocientos años y también una voz que no ha dejado de sonar y un mensaje que todos debemos escuchar y proclamar.

Realicemos juntos este viaje en busca de la voz perdida y, en base a las evidencias, descubramos lo que Dios nos ha estado diciendo y cómo espera que, nos preparemos para su regreso.

EXPLICACIÓN DEL MATERIAL

Cada una de las doce lecciones está planteada como una investigación, por lo tanto, los niños se trasformarán en agentes de investigación que llevarán adelante cada caso con el objetivo de descubrir las enseñanzas que hay en ellos.

Todas las lecciones o episodios tienen diferentes secciones, con un principio y un final que recomendamos que siempre se haga igual para dar una consistencia al programa. Sin embargo, en el medio incluimos una sección que llamamos "eXpedientes" que contiene a su vez cuatro actividades a las que sugerimos que cada semana muevas de orden para causar expectativa en los alumnos.

Para nosotros los adultos es importante tener el control del programa y saber lo que viene, eso nos da seguridad y nos ayuda a organizarnos; pero para la mente de los niños suena aburrido saber lo que viene a continuación y saber también que en clase hacemos lo mismo cada semana. Alternar las secciones en tu clase les dará un ingrediente de expectativa a tus alumnos y no sentirán que haces siempre lo mismo.

Aquí te mostramos el esquema de las lecciones y cómo puedes ir alternando las diferentes secciones, y a continuación te detallamos cada una de ellas.

SEMANA #1	SEMANA #2	SEMANA #3	SEMANA #4
1- Introducción	1- Introducción	1- Introducción	1- Introducción
2- Espacio "D"	2- Espacio "D"	2- Espacio "D"	2- Espacio "D"
3-Tarjeta "C" + Evidencia	3-Tarjeta "C" + Evidencia	3-Tarjeta "C" + Evidencia	3-Tarjeta "C" + Evidencia
4- eXpedientes	3- eXpedientes	3-eXpedientes	3- eXpedientes
*Manual del Agente	*Bitácora de Laboratorio	*Archivo de eXperimentos...	*misiÓN munDIal
*Bitácora de Laboratorio	*Archivo de eXperimentos.	*misiÓN munDIal	*Manual del Agente
*Archivo de eXperimentos	*misiÓN munDIal	*Manual del Agente	*Bitácora de Laboratorio
*misiÓN munDIal	*Manual del Agente	*Bitácora de Laboratorio	*Archivo de eXperimentos
5-Pies de Agentes	7-Pies de Agentes	7-Pies de Agentes	7-Pies de Agentes
6-Agentes en la Red	8-Agentes en la Red	8-Agentes en la Red	8-Agentes en la Red

*Si el mes tiene una quinta clase te recomendamos hacer un repaso y repetir las secciones que tus alumnos disfrutaron más hacer, o hacer un día de juegos y conexión entre los maestros y alumnos. Las relaciones fuertes son la base para el verdadero discipulado.

INTRODUCCIÓN

Presentamos el tema y lo contextualizamos.

En esta sección damos información que nos permite entender la historia que vamos a considerar.

ESPACIO "D"

El Espacio "D" es el espacio "divertido".

En el mundo de los niños el tema de aprender mientras jugamos es la clave para sellar las verdades en sus corazones. El lema será: "Que los niños se diviertan aprendiendo mientras los maestros disfrutamos enseñando". Esta será entonces nuestra sección para jugar con propósito.

TARJETA "C" + EVIDENCIA

Un dato científico, cultural o contextual + un objeto relacionado

Después de jugar, uno de los integrantes del equipo ganador será el encargado de abrir la *Caja de Misterio* en donde se encontrará la *Tarjeta "C"* y la Evidencia.

Para la *Caja de Misterio* el maestro debe fabricar, comprar, construir o reciclar una maleta de viaje, un baúl de antaño, alguna caja antigua o algún contenedor misterioso.

En el interior de la Caja de *Misterio* habrá otra caja más pequeña con una tarjeta de información que es la *Tarjeta "C"*. *La Tarjeta "C"* resumirá y presentará a la clase los puntos más importantes. Debe incluir de manera puntual y resumida un dato llamativo que pueda hacer énfasis en un factor científico o cultural que llame la atención de los niños para luego poder dirigirlos al mensaje principal de cada episodio.

De no encontrar un dato científico, buscaremos un factor cultural, es decir lo que era "lo normal" en la tradición antigua, para que eso nos lleve a la investigación del día. De seguro habrá historias que tendrán ambos datos, si es que refuerzan o enriquecen la investigación.

En cada lección te daremos ideas para la *Tarjeta "C"* y ésta nos llevará a la Evidencia, la cual nos ayudará a completar la investigación.

La Evidencia debe ser un **objeto** que ayude a recordar el mensaje principal de la lección y que el maestro traerá a cada clase para presentarlo de manera sorpresiva y causando misterio.

Como maestro también debes disfrutar de este segmento; de vez en cuando puedes traer un objeto que no tenga nada que ver con la lección y que sea chistoso, algo que tus alumnos no esperen. Recuerda: si hacemos el aprendizaje divertido, despertará en nuestros niños el deseo de aprender y el interés por escuchar.

Entonces: el ganador de los juegos o desafíos abrirá la **"Caja de Misterio"***, para poder leer la* **Tarjeta "C"** *y descubrir la Evidencia del día para así continuar con la investigación.*

EXPEDIENTES
MANUAL DEL AGENTE

Es el texto bíblico que investigaremos en la clase.

Es la historia de la Biblia, es nuestro manual de instrucciones desde el cual haremos la investigación del día. Este texto bíblico que investigaremos en cada clase será la clave para que la evidencia nos ayude a sacar una conclusión al final de la clase.

Antes de presentar la porción bíblica te daremos algunas ideas hacerlo de manera creativa. Recuerda que es nuestro manual de instrucciones para entender lo que Dios quiere que hagamos mientras estamos en esta tierra y es donde obtenemos nuestra identidad y las promesas. Por lo tanto, haz lo mejor que puedas para presentar esta parte de la manera más creativa e inesperada para que cautive la atención de los chicos y haga que no olviden lo que dice la Palabra de Dios.

BITÁCORA DE LABORATORIO

Es el tiempo en el que tomamos el texto bíblico y lo contextualizamos al día de hoy. ¿Estoy oyendo lo que Dios está diciendo? ¿Cómo que debo vivir el día de hoy según este pasaje? ¿Qué espera Dios que su pueblo?

Es una conversación en la que tratamos de ubicar la historia como si sucediera el día de hoy, con la tecnología y cultura con la que vivimos. Veremos cuál sería la situación equivalente a la escena bíblica que estudiamos para llevarlos a la realidad actual del cristianismo, para llegar a reconocer cómo espera Dios que su pueblo viva y actúe.

VERDADERO O FALSO

A través de preguntas que contestaremos con "verdadero" o "falso", no tomaremos un tiempo para llegar a conclusiones y a definir qué es lo que nos dice la voz de Dios hoy, qué nos llama a hacer y cómo debemos vivir en estos tiempos en los que esperamos su venida.

ARCHIVOS DE EXPERIMENTOS

Esta sección será nuestro espacio práctico, creativo e interactivo en donde los niños podrán "manos a la obra".

A través de hojas de trabajo, actividades manuales o desafíos a la imaginación, los niños harán proyectos que les permitan recordar y disfrutar nuestra investigación, tallando la historia en su corazón a través del "hacer". Para cada lección te presentaremos varias actividades para realizar con tus alumnos.

Como maestro de niños ya debes haber escuchado acerca de los "estilos de aprendizaje", si no lo has hecho te motivamos a investigar acerca de este tema tan interesante.

Nosotros definimos los estilos de aprendizaje como "la preferencia que tenemos para aprender", es decir, nuestra manera favorita o la vía a través de la cual logramos entender y retener un concepto.
Si realizas una rápida búsqueda en internet respecto a este tema te vas a sorprender de la cantidad de información y de estilos que descubrirás, pero para esta sección de actividades vamos a hacer énfasis en cuatro formas de retener información y de aprender según cuatro tipos de estudiantes:

Creativo   Metódico   Práctico   Activo

Al estudiante **creativo** le gusta aprender… mientras le damos campo a su imaginación. Necesita espacio para expresar lo que piensa, necesita tiempo para hablar y pensar lo que quiere hacer; necesita conectar el conocimiento con una conversación. No activará su mente a menos que se le permita hablar y expresarse respecto al tema. Puede aprender con ruidos y se interesa por las personas, por escucharlas, por sus necesidades y sentimientos. Le gusta trabajar en grupo. Busca el significado de lo que está aprendiendo por lo tanto que no te extrañe si te pregunta: "¿Y por qué?".

Al estudiante **metódico** le gusta aprender… mientras todo está en orden y en silencio. No le gusta tener ruido mientras aprende, le gusta la teoría y los conceptos, le gusta tomar nota y recibir información. Depende más de sus pensamientos que de sus sentimientos. Es muy competitivo. Busca que le digas algo "nuevo", algo que no sabía para mostrar interés en la clase. No activará su mente a menos que les presentes un dato nuevo que no conozca. No te extrañes si te pregunta: "¿Y qué vamos a aprender hoy?", o que cuando menciones el pasaje o el tema, diga con toda su potencia: "Esa ya me lo sé".

Al estudiante **práctico** le gusta aprender... mientras le explicas cómo puede poner en práctica el día de hoy en su mundo real el mensaje de la Palabra. Busca una aplicación creativa del contenido que le has dado. Vincula todo al: "Ahora" ¡hagamos algo hoy!". Además, necesita conectar el movimiento con el aprendizaje. No activará su mente a menos que sus manos o alguna otra parte del cuerpo se esté moviendo. Prefiere trabajar solo.

Al estudiante **activo** le gusta aprender... mientras acciona; siempre se le ocurre algo para hacer, piensa en el futuro; por chicos así nació el dicho: "Si el maestro no tiene un plan para los niños, los niños tendrán un plan para el maestro". Es un líder valiente y proactivo, actúa y piensa después. Le gusta explorar ideas nuevas. Busca que le digas qué se puede hacer con lo que ha aprendido. No activará su mente a menos que les demuestres una manera para poner en práctica lo que ha aprendido. Es un desafío para el maestro atender a estas cuatro preferencias de aprendizaje, pero si decides hacerlo serás sin duda un maestro más efectivo.

Te hemos dado esta corta introducción a un tema tan amplio para proponerte que seas intencional en hacer del tiempo de actividades algo efectivo para un estilo de aprendizaje en cada clase. Por supuesto, si tienes el tiempo y la creatividad esta sola sección puede ampliarse para presentarse según los cuatro estilos cada clase, pero eso demandará más preparación y tal vez más materiales; depende de ti y del tiempo que tengas para la clase.

MISIÓN MUNDIAL (WEB)

Material extra disponible en: e625.com/lecciones

Es la sección donde encontramos la manera de estar "ON", prendidos en la misión mundial que Dios nos dio de ir por todo el mundo y compartir a otros del amor de Dios

En esta sección presentaremos una idea práctica que los niños pueden hacer para compartir con alguien lo que aprendieron hoy. Puede ser un familiar, vecino, maestro, alguien a quien ellos piensan que el mensaje les puede ayudar.

Marcos 16:15 fue un llamado que Jesús hizo a sus discípulos y espera que nosotros lo respondamos hasta su regreso.

PIES DE AGENTES(WEB)

...siguiendo Sus pasos

Encontrarás esta sección en e625.com/lecciones

¡Esta sección tiene como meta salir de las cuatro paredes de nuestra manera de pensar, logrando que la memorización de versículos de la palabra siga siendo una disciplina saludable y efectiva, que lleve al niño a la realidad de vivir ese versículo en su vida diaria...

Incluiremos dos opciones para la memorización según sea tu preferencia:

#1- MEMORIZACIÓN DEL VERSÍCULO DE LA LECCIÓN

Cada lección tendrá un versículo para memorizar relacionado con la historia o la verdad del día y también te sugeriremos una técnica para enseñarlo.

*Adicionalmente, puedes hacer un concurso de memorización para saber quién recuerda los versos de las lecciones anteriores hasta lograr la memorización de los doce versículos del año y tener un plan de premios para ellos.

#2- MEMORIZACIÓN PROGRESIVA DE UNA PORCIÓN BÍBLICA

Una estrategia misionera cuando se predica a personas que no tienen la Biblia en su idioma, o es prohibido que tengan una Biblia física o en comunidades analfabetas, es la memorización de relatos. La educación oral es una técnica muy buena en la que el maestro enseña con el propósito que la historia llegue a la fogata del pueblo relatada por los alumnos de su clase.

Vamos a darte una porción para que tu meta sea al final de este libro que tú y tu clase memoricen una porción de la Biblia para poder compartirla con otros.

Tendremos una porción para niños de 1er. y 2do. grado y otra porción para los niños más grandes de 3er, 4to y 5to grado.

Aunque en la práctica son los pequeños los que hacen un mejor trabajo en la memorización, todos lograrán retener algo de la Escritura en las tablas de su corazón.

La idea es que cada semana se repase lo aprendido hasta el momento, no sustituyendo sino agregando al pasaje hasta que lo aprendan de memoria de principio a fin.
El pasaje puede ser el que desees, te sugeriremos la distribución de las siguientes porciones de la Biblia.

Para 1er y 2do grado atesoraremos en el corazón el Salmo 23:1-6
1El Señor es mi pastor, nada me falta.
2En verdes pastos me hace descansar, y me guía junto a arroyos tranquilos. 3Me infunde nuevas fuerzas. Me guía por sendas de justicia, por amor a su nombre.
4Aun cuando atraviese el negro valle de la muerte, no tendré miedo, pues tú irás siempre muy junto a mí. Tu vara de pastor y tu cayado me protegen y me dan seguridad.
5Preparas un banquete para mí, en presencia de mis enemigos. Me recibes como invitado tuyo, ungiendo con perfume mi cabeza. ¡Mi copa rebosa de bendiciones!
6Tu bondad e inagotable generosidad me acompañarán toda la vida, y después viviré en tu casa para siempre.

Para 3, 4 y 5 grado atesoraremos en el corazón Deuteronomio 6:1-9

1El Señor su Dios me ha pedido que les dé estos mandamientos, para que los obedezcan en la tierra a la que pronto entrarán y en la cual vivirán. 2El propósito es que ustedes, sus hijos y nietos, obedezcan al Señor su Dios en todo. ¡Esa es la manera en que ustedes lo honrarán! Como resultado, vivirán muchos años llenos de prosperidad. 3Por tanto, oh Israel, escucha atentamente cada mandato y ponlo por obra para que te vaya bien a ti y a tus hijos. Si obedeces estos mandamientos llegarás a ser una gran nación en la tierra gloriosa de la que fluye leche y miel, según la promesa de Dios a tus padres. 4Oye Israel: el Señor nuestro Dios es nuestro único Señor. 5Ámalo con toda tu capacidad mental, con todo lo que eres y con todo lo que vales. 6Debes pensar constantemente en estos mandamientos que te doy en este día. 7Debes enseñarlos a tus hijos y hablar de ellos cuando estás en casa o cuando caminas con ellos; al acostarte y al levantarte. 8Átalos en tu mano y llévalos en la frente, 9escríbelos en la puerta de tu casa y en los portones de tu ciudad.

AGENTES EN LA RED (WEB)
¿Cómo podemos dejar nuestra huella en las redes?
Encontrarás esta sección en e625.com/lecciones

Una vez que descubrimos lo que la voz de Dios dice, queremos que la mayoría se entere, así que usaremos todos los medios, incluyendo las redes sociales, para ser los Juan Bautista modernos y preparar el camino para el regreso de Jesús.

Si como maestro tienes la disponibilidad y puedes hacerlo, abre un canal en YouTube. Hoy en día los niños siguen a muchos "youtubers" y ven los videos que ellos publican todos los días. No necesitas hacer un video diario, pero sí puedes hacer uno por semana y presentarle este proyecto a tu clase para que los chicos tengan otras opciones. No podemos solo prohibir todo: debemos crear alternativas para las nuevas generaciones.

Según la edad de tus alumnos y la accesibilidad que tengan a las redes, adapta cada idea de tu clase para llevar un mensaje a través de las redes y usar la tecnología a nuestro favor.

Nuestros niños necesitan opciones en la red que los hagan sentir parte de lo que está pasando, pero no como seguidores de páginas que no les nutren, sino siendo voces de cambio. Crea una sección en donde puedas publicar las conclusiones de cada investigación, los trabajos de tus alumnos o crear actividades que conecten a tu clase con la misión de llevar el mensaje a todo el mundo según la edad de los niños y según la actividad en las redes que les sea permitido realizar.

También, como maestro, puedes iniciar tu propio perfil donde tú y tus estudiantes compartan la manera en que están escuchando lo que Dios dice y cómo están siendo los Juan Bautista del tiempo moderno. Como pueblo de Dios no podemos guardar silencio. Seamos una voz en las redes.

EPISODIO 1

LA PROMESA DE ZACARÍAS

INTRODUCCIÓN

Al final de las *Investigaciones Bíblicas del Antiguo Testamento* aprendimos cómo el pueblo de Dios había decidido caminar en sus propios caminos y bajo sus propias reglas y cómo Dios habló a través del último profeta llamado Malaquías, prometiendo que iba a enviar dos mensajeros importantes. Pero después de hacer la promesa Dios guardó silencio. Ese silencio no vino por su propia iniciativa sino por la idolatría y la lejanía de su pueblo.

Después de cuatrocientos años de silencio (pero no de ausencia), el Señor creador del cielo y de la tierra decidió romper el silencio. Nuestra investigación empieza con Zacarías, cuyo nombre significa, "Jehová se acordó"; él era uno de los sacerdotes del templo.

La esposa de Zacarías se llamaba Elisabet; ambos descendían de familias sacerdotales de Israel. Ellos no tenían hijos y ambos ya eran ancianos. En esta cultura y en aquellos tiempos, no tener hijos era una señal de maldición para una mujer, y para un hombre no tener hijos significaba que no tendría descendientes que continuaran su nombre después de su muerte. Posiblemente por muchos años ellos le pidieron a Dios que les diera hijos, pero ya estaban viejos y no tenían esperanzas.

En 1 Crónicas 24:1-19 se registra cómo desde el principio de la historia los sacerdotes se organizaban en veinticuatro divisiones para servir en el templo; esto les permitía organizar turnos por grupo para cubrir todas las semanas del año, estando un sacerdote una semana completa cada uno. Cada orden o división tenía la oportunidad de servir por turnos dos semanas en el año. Estando en el templo, se realizaba un sorteo para determinar quién entraría en el santuario del templo del Señor para quemar incienso. En ese momento había por lo menos cinco mil sacerdotes, de manera que el sorteo era siempre muy esperado y con la posibilidad de que algunos sacerdotes no entraran nunca al santuario. Si lo lograban, no participaban nunca más del sorteo para darle la oportunidad a los que no habían entrado.

Zacarías había sido sorteado para entrar al santuario y mientras ejercía el sacerdocio fue sorprendido por Dios. Era una oportunidad única en la vida y Dios escogió ese momento histórico de su vida para hablarle a través del ángel Gabriel.

El sacerdote escogido tenía que ir ante el lugar santísimo y presentar el incienso cada mañana y cada tarde de esa semana asignada, mientras el resto de sacerdotes y adoradores esperaban afuera en oración y adoración constante. El asunto era que, si el sacerdote estaba en pecado o algo en su vida no agradaba al Señor, al momento de acercarse a la presencia de Dios caía muerto.

Mientras Zacarías conversaba con el ángel Gabriel pasó más del tiempo normal entonces podemos entender por qué todos estaban asombrados. Cuando al fin salió no pudo hacer la oración pública porque estaba mudo. ¡Te imaginas el impacto de esto para todos!

Un dato importante es que el ángel Gabriel sólo hizo tres apariciones en la Biblia:

1. En Daniel, cuando anuncia el reinado eterno de Jesús, el Mesías.

2. Cuando habla a Zacarías declarando que Juan prepararía el camino del Mesías.

3. A María, cuando le anuncia la llegada del Mesías.

Misterios por resolver:

1. ¿Qué dice la Biblia acerca de los padres de Juan el Bautista?
2. ¿Por qué razón quedó mudo Zacarías?
3. ¿Por qué Zacarías y Elisabet llamaron a su hijo Juan?
4. ¿Qué nos dice la Biblia de la niñez de Juan?
5. ¿Cuál fue la misión para la cual fue elegido Juan el Bautista?
6. ¿De qué manera cumplió Juan el Bautista su misión?

ESPACIO "D"

Nuestra sección para jugar con propósito

Maestro, hemos llegado a nuestro tiempo de aprender jugando. Prepara tu corazón y recuerda que los niños retienen muchas cosas en su mente y corazón a través de juegos y canciones. No olvides la formula efectiva del aprendizaje:

Entender + Retener = Aprender

Desafío #1: Corre candela

(para niños de 3er a 5to Grado)

Materiales:

- Una vela o candela grande para cada grupo.
- Fósforos o encendedor

Explicación para los niños:

El desafío de hoy consiste en una carrera de relevos. La meta es tener rapidez y eficacia: no solo es llegar primero sino principalmente cuidar de mantener la vela encendida. Tienes que moverte rápido pero con cuidado y llevar la vela de un lado del salón al otro sin que se apague, si la vela se apaga en algún momento del recorrido deberás regresar a encenderla e iniciar de nuevo. Una vez que completes el recorrido entrega la vela al siguiente participante para que haga lo mismo. El primer grupo en completar la tarea será el equipo ganador. Vamos a ver quién ganará. En sus marcas… listos… ¡fuera!

Nota: Antes de la clase prepara las velas colocándolas en un vaso para que sea seguro y evitar que les caiga cera en las manos. Considera las variaciones o ajustes que debas hacer al juego, si lo realizas al aire libre, por ejemplo, o en condiciones que puedan afectar que la vela se mantenga realmente encendida. Y recuerda, antes de presentar el juego define bien el punto de inicio y de llegada, para que el recorrido sea seguro.

Desafío #2: Campana silenciosa
Materiales:
-Una campana mediana
-Una cuerda para amarrar la campana

Asegura la cuerda en la campana dejando suficiente cuerda extra para que pueda ser atada al rededor del pie de cada participante.

Explicación para los niños:

Vamos a hacer una carrera de relevos, pero en esta ocasión tiene que ser en "cámara lenta" porque se trata de hacer el recorrido sin que la campana suene. Si llega a sonar en algún momento del recorrido, el participante deberá empezar desde el principio. Una vez que completa el recorrido se debe quitar la campana y el siguiente participante se la coloca y repite el recorrido. El primer grupo en completar el desafío, será el ganador.

Enseñanza:

Dios espera que todos vivamos vidas rectas haciendo lo correcto. Esto no es fácil, tal vez requiera mucho esfuerzo, así como en este juego era difícil que la campana no sonara. En los tiempos antiguos el sacerdote debía tener una vida recta o moriría y sonaría la campana.

Nunca es fácil hacer siempre lo correcto, pero eso lo que Dios busca: corazones puros y esforzados por caminar en rectitud.

Material: Sopa de letras y Crucigrama

TARJETA "C" + EVIDENCIA

Un dato científico, cultural o contextual + un objeto relacionado

Como vimos en la *Explicación del Material*, un integrante del equipo que ganó los desafíos será el encargado de abrir la *Caja de Misterio*. Si hubo un empate o si fue un juego en el que no hubo ganadores realiza un rápido sorteo, jueguen a "Piedra, papel o tijera" o algo similar.

Recuerda que para la *Caja de Misterio* debes fabricar, comprar, construir o reciclar una maleta de viaje, un baúl de antaño, alguna caja antigua o algún contenedor misterioso. Dedícale atención y tiempo a este contenedor pues lo usarás durante todas las *Investigaciones Bíblicas del Nuevo Testamento*.

Allí pondrás la *Tarjeta "C"* y la Evidencia que te explicaremos a continuación. Recuerda que primero deben leer la *Tarjeta "C"* y luego descubrir la Evidencia.

Tarjeta "C"

Como agentes de investigación debemos entender algunos datos importantes de la vida en ese entonces. Toma un tiempo para leer la introducción y selecciona algunos datos que te llamen la atención y que puedes usar para incluir en la tarjeta "C".
Utiliza datos de los cuales te guste hablar y detalles que veas que construyen un camino para que, utilizando la evidencia, lleguemos a la verdad central del día. A continuación, te sugerimos algunos datos, pero es muy importante que tú elijas aquello que sabes que será relevante para lograr llegar al corazón de tu clase.

Sugerencias para tu Tarjeta "C":

#1-Dios había dejado de hablar a Israel, pero ese día rompió el silencio.
#2-Cuando Dios habló a Zacarías, éste perdió el habla por dudar.

#3- Elisabet quedó embarazada aun siendo anciana.

#4-Dios siempre cumple sus promesas, se cumplió la promesa de Malaquías.

La evidencia

Objeto principal:

- 1 varita de incienso

- 1 campana

Objeto optativo: - 1 chancleta, ojota o pantufla *(busca un objeto que no se esperen y que les haga reír)*

Explicación para los niños:

¿Están listos para conocer la evidencia del día de hoy? Cuenten conmigo: a la una, a las dos y a las tres… *(el niño designado mete la mano en la Caja de Misterio y saca la chancleta)* … ¡Ja ja! ¡Me parece que esto no es lo que buscamos!

Ahora sí, ¿están listos para conocer la evidencia del día de hoy?, ¿seguros?, ¿están listos? *(El niño vuelve a meter la mano en la caja y saca ahora la varita de incienso).*

¿Qué es esto?

Es **incienso.** Prende la varita de incienso a medida que vas explicando que nuestra investigación nos lleva a Lucas capítulo 1, donde los sacerdotes eran escogidos para quemar incienso una vez en la mañana y una vez en la tarde, durante una semana completa.

Debían entrar al lugar Santísimo, pero si el sacerdote tenía algún pecado o algo que no agradaba a Dios caía muerto ante Su presencia.

(Muestra la campana)

Al sacerdote escogido le amarraban en un pie una campana y en otro pie un lazo; si escuchaban sonar la campana, entendían que había muerto y debían jalar del lazo que tenía atado a su otro pie para sacarlo, ya que nadie más podía entrar al lugar Santísimo porque allí habitaba la presencia de Dios.

Con la Evidencia de hoy debemos descubrir:
¿Acaso la gente muere hoy en día al manifestarse la presencia de Dios?
¿Merecía morir el sacerdote Zacarías?
¿Por qué Dios esperó cuatrocientos años antes de hablar?
¿Zacarías dudó porque tenía miedo o por qué?
¿Pueden dos abuelitos tener un bebé?

EXPEDIENTES
MANUAL DEL AGENTE

Nuestro pasaje bíblico
Lucas 1:5-25, 57-66

Materiales:
- 4 sombreros diferentes (pueden ser sombreros religiosos, del contexto de la historia o sombreros divertidos y extravagantes).
Sombrero #1: Zacarías
Sombrero #2: Elisabet
Sombrero #3: El ángel
Sombrero #4: El bebé Juan

Maestro, antes de iniciar el relato elige a los cuatro actores y haz que se sienten en sillas al frente del salón con el sombrero correspondiente sobre su cabeza. Explícales que deberán prestar mucha atención y cada vez que se mencione el nombre de su personaje deben ponerse de pie y luego deben sentarse.
(Aprovecha en medio del relato para hacer que se paren y se sienten varias veces para hacerlos reír un poco).

Escena 1 - Zacarías y Elisabet, sombreros #1 y #2

INVESTIGACIONES BÍBLICAS

Leer Lucas 1:5-7

Escena 2 - Zacarías, sombrero #1

Leer Lucas 1:8-10

Escena 3 - Zacarías y el Ángel, sombreros #1 y #3

Leer Lucas 1:11-25

Escena 4 - Zacarías (con cinta en la boca) y Elisabet #1 y #2

Leer Lucas 1:57-66

BITÁCORA DE LABORATORIO

¿Cómo podemos aplicar este pasaje a nuestra vida?

Hemos estado hablando de oír la voz de Dios y de cómo el sacerdote elegido era el que entraba a Su presencia para escuchar la voz de Dios. Gracias a Jesús ahora todos podemos entrar a la presencia de Dios y a través de la oración podemos hablar diariamente y oír su voz a través de Su Palabra.

La pregunta es:

En medio de cada día y de todas las distracciones de la vida, ¿estoy oyendo lo que Dios me está diciendo?

Después de escuchar la historia y los datos científicos o culturales debemos pensar:

¿Cómo debo vivir el día de hoy según lo que me enseña este pasaje? ¿Qué espera Dios de su pueblo?

Verdadero o Falso

Niños, griten "Verdadero" o "Falso" a las siguientes preguntas:

1. ¿Zacarías fue escogido para entrar al templo por ser muy inteligente y adinerado?
2. ¿Zacarías fue escogido para entrar al templo porque era el plan de Dios?
3. ¿Zacarías se quedó mudo del susto?
4. ¿Zacarías se quedó mudo por dudar?
5. ¿Dios cumplió su promesa?

Pregunta y escucha...

¿Qué te dice Dios a ti a través de esta historia?

Permite que los niños se expresen, no los apures. Es muy importante que aprendas a escucharlos y a entender lo que hay en sus corazones.

ARCHIVOS DE EXPERIMENTOS

Manos a la obra

Idea#1- (Estudiante Creativo): Si no pudiera hablar

Sienta a los estudiantes en grupos de 3 o 4, dependiendo del número de alumnos que tengas. Luego pídeles que todos hagan un minuto de silencio. Al terminar el minuto pide que en grupo intercambien ideas acerca de cómo sería para ellos perder la habilidad de hablar durante nueve meses y que anoten en una hoja lo que sería más difícil. Al final puedes permitir que compartan lo que escribieron.

Idea#2- (Estudiante Metódico): Guante de oración

Dibuja la silueta de una mano en una hoja. Haz una por alumno. La idea es que ellos tengan una sugerencia para saber cómo orar. En cada dedo los niños deben escribir uno de los cinco puntos clave de la oración (mira el listado abajo). Recuérdales que la oración es otra manera de oír la voz de Dios. Toma un tiempo durante la clase para explicar en qué consiste cada una de estas expresiones en la oración y cómo esto nos facilita pasar tiempo con Él. ¡Ahora todos podemos hablar con Dios!

1. Adoración
2. Acción de Gracias
3. Intercesión
4. Confesión de Pecados
5. Peticiones

Idea#3- (Estudiante Práctico): Incienso de adoración

En nuestra historia el sacerdote debía encender incienso en la presencia de Dios. Hoy en día no necesitamos quemar incienso porque es nuestra adoración la que es como incienso para Dios. Cada uno va a recibir un "palito" de incienso para llevar a casa. La idea es que lo pongan en un lugar visible y cada vez que lo vean, deben detenerse y adorar a Dios por una bendición que les ha dado.

Idea#4- (Estudiante Activo): Frascos de incienso o candelero

Si haces una búsqueda en internet, encuentra un modelo para que tus alumnos puedan hacer ya sea un frasco de incienso o un candelero; es impresionante la cantidad de ideas que puedes encontrar reciclando una botella de plástico. Además de colaborar con el medio ambiente, cada niño puede llevarse un buen recuerdo y una manera de compartir la clase con otros.

Material complementario:

MISIÓN MUNDIAL

PIES DE AGENTES | AGENTES EN LA RED

EPISODIO 2

JUAN EL BAUTISTA BAUTIZA A JESÚS

INTRODUCCIÓN

Recuerden agentes buscadores de la voz perdida: estamos empezando a descubrir cómo Dios rompió el silencio de cuatrocientos años y habló al pueblo de Israel.

La clase pasada aprendimos cómo Dios planeó de una manera muy detallada que el sacerdote Zacarías fuera escogido para quemar el incienso en el lugar Santo de manera que Dios pudiera hablarle por medio del ángel Gabriel.

Hoy empezamos la emocionante aventura investigando acerca del hijo del Sacerdote Zacarías. Esta es la historia de "Juan el Bautista".

Una vez que nace su hijo, Zacarías deja de estar mudo y afirma que su nombre será Juan; es entonces cuando expresa una poderosa profecía y declaración sobre su bebé, que se encuentra en Lucas 1:76-79. Pero en el versículo 80 encontramos algunos datos importantes:

"El niño crecía y su espíritu se hacía más fuerte; y vivió en el desierto hasta el día en que se presentó públicamente al pueblo de Israel".
Lucas 1:80

Juan creció en el desierto, apartado de todo y enfocado en su formación; pero, ¿cómo fue formado? La Biblia no lo detalla, no obstante, según la tradición judía, eran los padres los principales educadores, de manera que la instrucción de sus padres más la fortaleza de Dios lo prepararon para el día en que fue llamado a salir del desierto e iniciar su ministerio.

Ahora bien, en nuestro libro *"Investigaciones Bíblicas del Antiguo Testamento"* la última lección fue la del profeta Malaquías, el cual profetizó la llegada de dos mensajeros importantes. (Malaquías 3:1).

El primero de esos mensajeros es Juan el Bautista (Mateo 11:10, Lucas 7:27) y su misión era preparar el camino del Señor. Juan era una especie de "heraldo" que anunciaba que detrás de él llegaría el Rey (Mateo 17:10-13, Lucas 1:17). Y nuestro segundo mensajero, por supuesto, es Jesús, quien vino en forma de hombre a dar su vida por nosotros para darnos salvación y vida eterna.

Comenzando entonces con nuestra investigación de este día, Lucas 3:2 nos muestra que Dios habló a Juan para que iniciara su ministerio.

Lucas 3:3 nos dice los siguiente:
"Juan fue entonces por toda la región del Jordán predicando a todos que debían ser bautizados y arrepentirse, para que Dios les perdonara sus pecados".

Juan empezó a predicar el bautismo de arrepentimiento de pecados, y su mensaje era fuerte, especialmente para los maestros de la ley.

Honestamente, Juan rompió todos los moldes y esquemas religiosos. Él no se veía y no se vestía como la gente religiosa de ese entonces. Esa fue la primera razón por la cual lo rechazaron. Vestía con pieles de camello y un cinturón de cuero. Su dieta era especialmente particular y diferente: comía langostas (o saltamontes) y miel. Pero, aunque Juan era diferente, Dios tenía para él un propósito muy alto: él sería la voz que prepararía el camino para la venida del Señor y Salvador el mundo.

Si nos ponemos a observar, cada generación ha sido llamada a entrenar a la siguiente generación que generalmente no habla, ni se viste, ni vive de la misma manera. Cada nueva generación es diferente a la anterior pero cada una va a ser usada por Dios, para preparar el camino de la segunda venida de Cristo. Así que cada vez que te pares frente a los niños y niñas de tu clase, recuerda que ellos son la nueva generación en las manos de Dios y que cada generación tiene el potencial de una flecha en nuestras manos, y que debemos guiarlos a levantar su voz para anunciar el regreso de Jesús.

El mensaje de Juan era:

1- Anunciar el arrepentimiento para el perdón de pecados y el bautismo como una señal del mismo.

2- Anunciar la venida del Mesías. (Isaías 40:3-5).

Juan fue sorprendido en el río mientras bautizaba a algunas personas; él tal vez nunca lo imaginó, pero entre la multitud que estaba bautizando se abrió camino Jesús. ¿Te imaginas la cara de Juan cuando vio parado frente a él a Jesús? Su primera reacción fue decirle: "Yo soy el que debería ser bautizado por ti". Por supuesto que tenía razón; fue un poderoso reconocimiento el de Juan, reconoció el señorío de Cristo en ese mismo momento. Sin embargo, Cristo le dijo que era necesario que ambos obedecieran. Cristo siendo santo y sin pecado, se bautizó por nosotros, tomó nuestro lugar e inició su ministerio profetizando lo que haría: dar su vida por nosotros.

¿Alguna vez te has preguntado por qué Jesús no inició su ministerio hasta los treinta años? La Biblia no da ninguna explicación, pero parece bastante significativo que la tribu de Leví, es decir los sacerdotes del pueblo, empezaban sus funciones sacerdotales cuando cumplían treinta años y la culminaban cuando cumplían los cincuenta para convertirse en mentores de los nuevos sacerdotes (Números 4:3 y 47). Otro dato es que David empezó como rey de Israel también a los treinta años.

El último dato que queremos comentar es que cuando Juan bautizó a Jesús, encontramos una escena única. Veamos Lucas 3:21-22:

"Luego que Juan bautizara a Jesús, mientras Jesús oraba, el cielo se abrió y el Espíritu Santo bajó sobre él en forma de paloma. Entonces se oyó una voz del cielo que decía: — 'Tú eres mi Hijo amado; estoy muy contento contigo'".

¡Qué figura tan hermosa en la que vemos en la misma escena al Padre, al Hijo y al Espíritu Santo! Las tres personas de la Trinidad afirmando la intervención divina en rescate de la humanidad para salvación y vida eterna.

Misterios por resolver:

¿Por qué Dios escogería que Juan fuera diferente a los religiosos de ese entonces?

¿Por qué vestía diferente y no comía lo típico de un judío sino solo miel y saltamontes? ¿Qué comía la gente en ese entonces?

¿Por qué el mensaje de Juan les disgustaba a los religiosos?

ESPACIO "D"
Nuestra sección para jugar con propósito

Maestro, hemos llegado a nuestro tiempo de aprender jugando. Recuerda que la Biblia nos invita a ser como niños, no de manera infantil e inmadura sino en la sencillez de creer. Jugar es sin duda una herramienta sencilla para llegar al corazón del niño. Nunca subestimes el poder de un juego.

DESAFÍO #1: COME SALTAMONTES
Materiales:

-6 cajas pequeñas de cartón (3 para cada equipo)
-Gomitas ácidas en forma de gusanos o insectos

Nota: Para hacer un mayor desafío, para los de 5to grado puedes traer chapulines (saltamontes) u hormigas tostadas que se comen en algunos países del mundo.
Separar al grupo en dos equipos,

Explicación para los niños:

Sobre esta mesa hemos preparado tres cajas para cada grupo. Vamos a elegir a dos valientes participantes. Cuando demos la señal de inicio el participante escogido de cada equipo deberá abrir la primera caja y tendrá el desafío de comer todo lo que esté dentro. Cuando termine podrá abrir la segunda caja para hacer lo mismo y luego terminará abriendo y comiendo el contenido de la tercera caja.

El equipo ganador será el que termine de comerse todos los animales en el menor tiempo posible.

Enseñanza:

No sé si fue fácil para todos comer las cosas que estaban en las cajas, tal vez todo fue difícil. Así también no es fácil llevar vidas diferentes a los demás. Es más fácil hacer lo que todos hacen. Pero Juan el bautista nos enseña muchas cosas, entre ellas, que ser diferente puede ser la manera como Dios te use para llamar la atención de otros y para tocar sus corazones con la verdad.

DESAFÍO #2: VISTIENDO A JUAN EL BAUTISTA

Materiales:

-2 cobijas, retazos color café o costales cortados en retazos
-2 cinturones de cuero
-2 pelucas
-2 pares de sandalias viejas
-2 langostas de plástico
-2 frascos de miel

Preparación para el maestro:

Antes de la clase prepara dos recipientes, cajas o bolsas donde pondrás los retazos y el cinturón.

Vamos a vestir a dos Juan el Bautista para que nos ayuden en la clase o en el momento de contar la historia. La idea es recrear cuán notoria debió haber sido la presencia de Juan cuando llegaba a algún lugar. Con seguridad capturaba la atención de unos y el rechazo de otros.

Separa al grupo en dos equipos.

Explicación para los niños:

Hemos preparado una bolsa con ropa para cada equipo y vamos a vestir a Juan el Bautista. La idea es mostrar cuán diferente debió haberse visto Juan cuando llegaba a algún lugar. Con seguridad capturaba la atención de unos y el rechazo de otros.

Cada equipo debe esforzarse por vestirlo lo más parecido a lo que menciona la Biblia. Deben elegir a quién van a disfrazar y con todo lo que tienen en la bolsa, tendrán 3 minutos para vestirlo. Al final el tiempo votaremos por el mejor vestido y el equipo recibirá un premio. Aprovecha el momento y con el equipo ganador, toma una foto o graba un video enviando un mensaje sobre el regreso de Jesús.

Material: Sopa de letras y Crucigrama

TARJETA "C" + EVIDENCIA

Un dato científico, cultural o contextual + un objeto relacionado

Como vimos en la Explicación del Material, un integrante del equipo que ganó los desafíos será el encargado de abrir la Caja de Misterio. Si hubo un empate o si fue un juego en el que no hubo ganadores realiza un rápido sorteo, jueguen a "Piedra, papel o tijera" o algo similar.

Recuerda que para la Caja de Misterio debes fabricar, comprar, construir o reciclar una maleta de viaje, un baúl de antaño, alguna caja antigua o algún contenedor misterioso. Dedícale atención y tiempo a este contenedor pues lo usarás durante todas las Investigaciones Bíblicas del Nuevo Testamento.

Allí pondrás la Tarjeta "C" y la Evidencia que te explicaremos a continuación. Recuerda que primero deben leer la Tarjeta "C" y luego descubrir la Evidencia.

TARJETA "C"

Maestro, a continuación, encuentra los datos para tu Tarjeta "C"; prepárala con anticipación y asegúrate de escribir los datos que tú consideras más claros y valiosos para tu lección.

Como investigadores debemos llenarnos de información valiosa para completar con éxito nuestra misión:

Cuando Juan habló de Jesús usó una expresión particular:

"Juan entonces les respondió a todos:

—Yo los bautizo a ustedes con agua. Pero pronto viene uno que es más poderoso que yo y él los bautizará con el Espíritu Santo y con fuego. Yo ni siquiera merezco desatarle las correas de sus sandalias."
Lucas 3:16

Desatar las correas de las sandalias de alguien era el trabajo más bajo. Era el sirviente más humilde el encargado de hacerlo, era rebajarse a la posición social más baja. Resulta que las calles de ese entonces no eran como las de ahora, sino que eran de polvo; no existía el cemento, asfalto, adoquín, ni ninguno de los materiales sobre los que ahora caminamos y transitamos en automóvil.

Caminar de un lado a otro sin duda dejaba los pies de cualquier viajero sucios y llenos de polvo. Por eso, cuando llegaba la gente a las casas, era indispensable el lavado de los pies; entre iguales era inimaginable pensar que se lavaran los pies, socialmente era inaceptable.

Es por eso que Pedro reacciona muy sorprendido en Juan 13

cuando ve que Jesús se dispone a lavarles los pies. Era socialmente imposible que un amo lavara los pies de sus seguidores; Jesús rompió muchos esquemas religiosos dejándonos lecciones profundas. Cuando terminó de los pies y les dijo:

"¿Entienden ustedes lo que les he hecho? Ustedes me llaman Maestro y Señor, y dicen la verdad porque lo soy. Pues si yo, el Señor y el Maestro, les he lavado los pies, también ustedes deben lavarse los pies unos a otros. Yo les he dado el ejemplo, para que hagan lo mismo que yo he hecho con ustedes. Les aseguro que ningún sirviente es más que su amo, y ningún mensajero es más que el que lo envió. Si entienden esto y lo hacen serán dichosos." (Juan 13:12-17).

LA EVIDENCIA

Objeto principal:
-1 corona hecha con hojas
-1 tela color café
-1 saltamontes o miel

Objeto optativo: una langosta de mar o un cangrejo de plástico

Explicación para los niños:
¿Están listos para conocer la evidencia del día de hoy? ¿Seguros que están listos? Cuenten conmigo, a la una, a las dos y a las tres…

(El niño designado mete la mano en la Caja de Misterio y saca el cangrejo de plástico o el objeto chistoso que hayas llevado) ¡Ja ja! Uhhhhhh creo que esto no nos ayuda mucho…!!

Ahora sí, ¿están listos para conocer la evidencia del día de hoy? ¡Ok! ¿Qué es esto? *(El niño vuelve a meter la mano en la caja y saca ahora la corona de hojas.)*

Es una corona de guirnaldas de olivo. A este tipo de corona la usaban unos hombres muy importantes a quienes en los tiempos antiguos se les conocía con el nombre de "heraldos", ellos eran mensajeros de un rey; llevaban mensajes de un reino a otro. Algunas veces eran mensajes de paz, otras veces de guerra y otras veces anunciaban que su rey iba a llegar a visitar y venían para hacer preparativos para su llegada. Sea el mensaje que fuera, eran respetados aun en medio de la guerra; una vez que veían la corona de guirnaldas de olivo, nadie podía atacarlos.

(Puedes leer más acerca de los heraldos Deuteronomio 20:10-12).

Nuestra investigación de hoy nos lleva a un heraldo muy importante que aparece en Lucas capítulo 3. Juan el Bautista es llamado por el Espíritu Santo para salir del desierto e ir a preparar el camino del Mesías. Debía anunciar el mensaje de arrepentimiento y preparación pues el Rey de reyes estaba por llegar después de él. Así que abróchense los cinturones y prepárense para esta aventura.

EXPEDIENTES
MANUAL DEL AGENTE

Nuestro pasaje bíblico
Lucas 3

Materiales:
-5 rollos de papel (cada rollo con una de las 5 frases que hay a continuación)
-Disfraz para Juan el Bautista
-5 sets de accesorios (detallados a continuación) para dramatizar cada escena

Explicación para los niños:
Formaremos cinco grupos y cada uno recibirá una frase importante del relato de Juan el Bautista y algunos accesorios que les ayudarán a preparar una breve dramatización para que cuando sea el momento que "Juan el Bautista" llegue a cada grupo puedan dramatizar la escena en un tiempo asignado.

INVESTIGACIONES BÍBLICAS

Antes de presentar la lección llama a uno de los Juan el Bautista que vistieron los niños en el juego de inicio. Él nos ayudará en este tiempo para actuar en la historia y deberá pasar por cada grupo para unirse a la dramatización que harán.

Frases:

Estas son las cinco frases centrales en las cuales debes hacer énfasis hoy. Puedes relatar otros detalles que encuentres en los evangelios, pero asegúrate de tocar estos cinco aspectos.

Frase #1: Yo soy Juan el bautista y en el tiempo de Jesús yo: vestía diferente, con piel de camello y cinturón de cuero.

Accesorios: vestuario y sandalias de la época, pelucas, etc.

Frase #2: Yo soy Juan el bautista y en el tiempo de Jesús yo: comía diferente, saltamontes y miel.

Accesorios: comida común de esta época (combo de hamburguesa) y comida de Juan el bautista miel y saltamontes.

Frase #3: Yo soy Juan el bautista y en el tiempo de Jesús yo: hablaba con autoridad (claro y directo) para que la gente se arrepintiera de sus pecados.

Accesorios: altavoz para hablar fuerte, micrófonos de juguete, etc.

Frase #4: Yo soy Juan el bautista y en el tiempo de Jesús yo: preparé el camino de Jesús, como un buen heraldo.

Accesorios: rastrillo y pala para preparar un camino.

Frase #5: Yo soy Juan el bautista y en el tiempo de Jesús yo: bauticé a Jesús,
Accesorios: lentes para ver debajo del agua y un bote o balde con atomizador y agua.

BITÁCORA DE LABORATORIO
¿Cómo podemos aplicar este pasaje a nuestra vida?

En el tiempo de Jesús la gente tenía el concepto de que, por ser hijos de Abraham, no necesitaban hacer nada: eran el pueblo escogido, entonces ya eran salvos y no necesitaban hacer nada más. Cuando Juan llegó para decirles que las buenas nuevas era que necesitaban "arrepentirse para ser salvos" esto les molestó porque los sacaba de su comodidad, les rompía el orgullo religioso y debían reconocer que necesitaban a Jesús para ser salvos. Por eso rechazaron a Juan, porque su mensaje los confrontaba con el pecado y los exponía.

Hoy en día sucede lo mismo: por un lado, tenemos a la gente que no cree en Jesús y por otro a los cristianos que se conforman con ser parte del pueblo de Dios pero que viven como quieren, pensando que porque ya aceptaron a Jesús en su corazón no necesitan hacer nada, así que viven sin hacer ningún cambio en su manera de vivir. A través de esta historia aprendemos que, aunque nos veamos diferentes y tal vez no preparados, nosotros debemos ser los "Juan el Bautista" de nuestro tiempo; nosotros somos los llamados a ser heraldos, ¿habías pensado eso? Cristo va a venir por segunda vez, tú eres un heraldo y como Juan el Bautista prepararás el camino para su regreso.

Necesitamos entender que el mundo tal vez nos rechace como lo hizo con Juan y con Jesús, pero eso no nos va a detener de ser la "voz que prepara el camino del Rey".

El desafío de hoy es que tú recibas ese llamado sin importar cómo vistas (aunque no creo que nadie aquí vista con piel de camello y cinturón de cuero), sin importar lo que comas (aunque no creo que nadie aquí coma saltamontes) y sin importar tu edad. Dios está llamando a las nuevas generaciones para que se levanten y sean esa voz que les hable a la gente que está a su alrededor.

Verdadero o Falso

Niños, griten "Verdadero" o "Falso" a las siguientes preguntas:

1. ¿Juan vestía a la última moda y todos quería vestir como él?
2. ¿Juan tenía la misión de preparar el corazón del pueblo para la venida del Rey de reyes y Señor de señores?
3. ¿Juan era amigo de todos y a todos les caía bien?
4. ¿Todos querían comer la comida de Juan porque era deliciosa?
5. ¿Juan cumplió con el llamado que Dios había hecho en su vida?

Pregunta y Escucha

¿Qué te dice Dios a ti a través de esta historia?

Permite que los niños se expresen, no te apresures en este segmento. Es muy importante escuchar el corazón de tus alumnos.

ARCHIVOS DE EXPERIMENTOS

Manos a la obra

Es tiempo de sellar la historia en el corazón usando las manos y haciendo algo creativo y divertido.

Nos enfocaremos en darte ideas para cada estilo de aprendizaje de tus alumnos: (Si necesitas, revisa las características de cada estilo de aprendizaje en la Explicación del Material).

Idea#1- (Estudiante Creativo): Hoja, vistiendo a Juan

Trae a clase una hoja donde los alumnos puedan colocarle a Juan la ropa de camello y el cinturón de cuero. Que trabajen en grupo y que comenten cómo debe haber sido vestir así y qué pasaría si ellos fueran vestidos así hoy a su escuela.

Idea#2- (Estudiante Metódico): Cumpliendo la *misión:*

Explica: Juan el Bautista fue escogido para cumplir una muy importante misión: preparar el camino para la llegada de Jesús. Tú también fuiste elegido para cumplir esa misma misión, pero para su segunda venida.

En una hoja que diga "Misión" deberás colocar los nombres de las personas a las que puedes contarles que Cristo viene por segunda vez y que deben aprender a vivir para Él. Luego coloca un cuadradito al lado de cada nombre para que puedas poner una marca cuando les hables y al terminar la lista, traes la hoja a la clase.

Maestro: celebra cada hoja que venga completada. Puedes tener un premio sin anunciarlo para los que lo hagan.

Idea#3- (Estudiante Práctico): Pulsera sin palabras

¿Cómo podemos ser como Juan el Bautista el día de hoy? Bueno, sencillamente con una pulsera que cuando la vistamos nos permita compartir el mensaje de salvación. Trae materiales para que cada alumno arme una pulsera con los seis colores del libro sin palabras que aprendieron la clase anterior. (Amarillo, negro, rojo, blanco, verde y azul).

Idea#4- (Estudiante Activo): Práctica en clase

Pide a los estudiantes que tomen un minuto para compartirle a un compañero de la clase el mensaje de la "Pulsera sin palabras". Luego deben encontrar a otro y hacer lo mismo; permite que lo hagan varias veces para que adquieran la práctica y la seguridad para compartir el mensaje con libertad al salir de la clase.

Material complementario:

MISIÓN MUNDIAL

PIES DE AGENTES | AGENTES EN LA RED

DESCARGA EL MATERIAL COMPLEMENTARIO EN
WWW.E625.COM/LECCIONES

EPISODIO 3

¿QUIÉN DICE LA GENTE QUE SOY?

INTRODUCCIÓN

Tenemos que recordar que el Señor tuvo muchos seguidores. La Biblia dice que lo seguían *multitudes* y en Lucas 6 encontramos que Jesús no eligió a las multitudes, sino que, de esos muchos, Él escogió a doce hombres para que caminaran con Él, mientras estaba aquí en la tierra. A estos hombres los conocemos como "los discípulos".

Jesús caminó con ellos modelándoles un estilo de vida que dependía del Padre. Es más, la noche anterior a elegir a los doce Él se dedicó a orar al Padre y entonces los eligió. Lucas 6:12-16 dice:

> *"En aquellos días se fue Jesús a la montaña y pasó toda la noche orando a Dios. Al amanecer, llamó a sus discípulos y entre ellos escogió a doce, a los que llamó apóstoles:*
>
> *Simón (a quien le puso el nombre de Pedro) y su hermano Andrés, Jacobo, Juan, Felipe, Bartolomé, Mateo, Tomás, Jacobo hijo de Alfeo, Simón (al que llamaban Zelote), Judas hijo de Jacobo, y Judas Iscariote (que fue el que lo traicionó)".*

Jesús constantemente dialogó con sus discípulos para que ellos tuvieran completa certeza y seguridad de quién era Él. Así como el Padre continuamente afirma nuestra identidad, Jesús consideró importante hacer *preguntas* a sus discípulos y de esta manera llevarlos a pensar y a decidir en sus corazones quién era Jesús para ellos. Este es el enfoque central que estudiaremos, partiendo de esta pregunta:

¿Quién piensan ustedes que yo soy?

Mateo 16:13-20
Jesús empieza con una pregunta que realmente abre la conversación para llegar a lo que verdaderamente quería preguntar: inicia en el versículo 13 y 14 diciendo:

"Al llegar a Cesarea de Filipo, les preguntó: '¿Quién dice la gente que soy?'. 'Bueno —le respondieron—, algunos dicen que eres Juan el Bautista; otros, que eres Elías; y otros, que eres Jeremías o alguno de los profetas'".

Jesús estaba iniciando un diálogo y probando sus corazones. La pregunta más importante es la que sigue en el versículo 15:

"¿Y quién creen ustedes que soy?"

Lo más importante no era lo que la gente alrededor decía, sino lo que los discípulos verdaderamente creían. Así que la respuesta de Pedro marcó definitivamente ese día y la historia del cristianismo:

"'¡Tú eres el Cristo, el Mesías, el Hijo del Dios viviente!—respondió Simón Pedro".

El centro de la investigación del día de hoy es:
¿Quién Crees tú que es Jesús? ¿Quién es Jesús para ti?

Misterios por resolver:
¿Por qué era importante para Jesús escuchar la opinión de la gente?
¿Por qué era importante para Jesús escuchar lo opinión de los discípulos respecto a Él?
¿Por qué es importante que puedas descubrir **quién** es Jesús para ti?

ESPACIO "D"
Nuestra sección para jugar con propósito
Maestro, hemos llegado a nuestro tiempo de aprender jugando, Recuerda que el mejor maestro es aquel que disfruta enseñando mientras sus alumnos se divierten aprendiendo:

DESAFÍO #1: ¿QUIÉN SOY YO?

Materiales:

Post-its de diferentes colores o block de notas con cinta adhesiva para pegar cada nota en la frente de los jugadores.

Preparación:

Prepara con anticipación post-its con los nombres de los doce discípulos. (Cada nombre puede estar escrito varias veces dependiendo del número de participantes).

Coloca los nombres en un recipiente donde no se puedan leer o ver los nombres.

Explicación para los niños:

Los participantes del juego se sentarán en el suelo formando un círculo. Luego pasaremos el recipiente y cada uno debe tomar un papel sin dejar ver el nombre a sus vecinos. Luego que todos tengan un papel, proceden todos al mismo tiempo a colocar el papel en la frente del vecino de la izquierda. Cuando estén listos deben ponerse por parejas frente a frente para que por turnos traten de descubrir el personaje que representan (el nombre que está escrito en el post-it o papel que tenemos en la frente).

La idea es que cuando estén en parejas cada uno de ellos por turnos, debe decir "¿Quién soy yo?", y luego hacer una o dos preguntas para tratar de descubrir el personaje que es. Si no adivina, será el turno del otro compañero de hacer preguntas.

Enseñanza:

Una de las cosas más importantes es saber quiénes somos, por eso el Señor se encargó de dejar muy claro en Su Palabra quién era Él, de igual manera nuestra identidad está definida en Él, por eso es tan importante que podamos descubrir quiénes somos realmente en Cristo y no tener temor de mostrarnos a los demás como somos. Somos Hijos de Dios, creaciones de su mano, amados y creados con propósito, somos sus representantes, somos herederos de Su reino.

DESAFÍO #2: CAZANDO AL CERDITO

Materiales:

-Una pizarra o pizarrón de cualquier material
- Tiza o marcador para escribir en la pizarra.

Preparación:

1. Previamente preparar una lista de palabras que se encuentren en la historia del día de hoy, por ejemplo: Mesías.
2. En el pizarrón dibujar el número de espacios que formarán la palabra. Ejemplo: __ __ __ __ __ __ (la palabra MESIAS requiere 6 espacios)
3. Elegir un participante que sea bueno dibujando y que nos ayudará a dibujar el cerdito en el pizarrón. Cada vez que alguien diga una letra que no está en la palabra secreta él dibujará una parte del cerdito.
4. Dividir la clase en dos grupos con igual número de participantes e ir tomando turnos. El juego consiste en que el equipo va a ir diciendo letras que cree que formarán la palabra secreta, hasta lograr descubrir la palabra escondida.
5. El grupo que adivine la palabra antes de completar el cerdito, gana 5 puntos. Si por el contrario el dibujante termina de dibujar el cerdito y no han descubierto la palabra, el equipo contrario podrá continuarlo y descubrir la palabra, llevándose los 5 puntos.

Material: Sopa de letras y Crucigrama

TARJETA "C" + EVIDENCIA
Un dato científico, cultural o contextual + un objeto relacionado

Como vimos en la *Explicación del Material*, un integrante del equipo que ganó los desafíos será el encargado de abrir la *Caja de Misterio*. Si hubo un empate o si fue un juego en el que no hubo ganadores realiza un rápido sorteo, jueguen a "Piedra, papel o tijera" o algo similar.

Recuerda que para la *Caja de Misterio* debes fabricar, comprar, construir o reciclar una maleta de viaje, un baúl de antaño, alguna caja antigua o algún contenedor misterioso. Dedícale atención y tiempo a este contenedor pues lo usarás durante todas las Investigaciones Bíblicas del Nuevo Testamento.

Allí pondrás la *Tarjeta "C"* y la Evidencia que te explicaremos a continuación. Recuerda que primero deben leer la *Tarjeta "C"* y luego descubrir la Evidencia.

TARJETA "C"

Maestro, a continuación, encuentra los datos para tu *Tarjeta "C"*; prepárala con anticipación y asegúrate de escribir los datos que tú consideras más claros y valiosos para tu lección.

Debido a que el pueblo e Israel estaba bajo el gobierno de Roma, ellos esperaban a un rey guerrero que vendría a pelear contra Roma, que los vencería, los echaría fuera, establecería su reino y les daría la libertad. Es por eso que nunca pudieron aceptar a Jesús como el Mesías tan esperado.

Jesús sí vendrá con sus ejércitos, sentado en un caballo blanco para establecer Su reino, pero eso será en su segunda venida. Su primera venida a este mundo fue siendo un hombre como todos, pero que nunca pecó, que fue perfecto, por eso al entregar su vida nos rescató de la muerte eterna. (Apocalipsis 19:11-21).

Sugerencias para tu Tarjeta "C":
#1- Los enfermos y necesitados veían a Jesús como una salida.
#2- Los endemoniados veían a Jesús como libertad.
#3- Los religiosos veían a Jesús como un impostor y mentiroso.
#4- Los discípulos lo veían como el Mesías.
¿Y tú cómo lo ves? En eso vamos a pensar durante la investigación de este día.

LA EVIDENCIA

Materiales:
-Objeto divertido: pollo de hule.
-Objeto principal: lonchera de metal o algún elemento típico que solemos llevar a la escuela.

Explicación para los niños:
¿Están listos para conocer la evidencia del día de hoy?... ¿seguros?, ¿están listos? (*Cuenta hasta tres y ... que el niño designado saque el pollo de hule...*). Ja ja ja creo que hay un error aquí... intentaremos de nuevo. (*Guarda el pollo y prepárate para que le niño saque el otro objeto*).

Ahora sí va en serio, ¿están listos para conocer la evidencia del día de hoy?... ¿seguros? (A la cuenta de tres, que el niño saque el objeto principal).
¿Qué es esto?
Es una "lonchera de metal": cuando yo era niño las loncheras eran de metal; la que yo tenía era de "el increíble Hulk" y fue mi favorita por toda la primaria.

¿Recuerdas cual fue tu primera lonchera? (Escucha algunas opiniones).

Hoy vamos a hablar de una clase de alumnos, muy especiales que la Biblia llama *"discípulos"*.

En su original la palabra *discípulo* significa alumno o un aprendiz. Muchas personas piensan que se han convertido en discípulos de Jesús en cuanto Él ha perdonado sus pecados.

A través del perdón Jesus nos dio vida juntamente con Él. (Colosenses 2:13). Sin embargo, ser perdonado de pecados no nos hace ser discípulos, pero al recibir el perdón de pecados y reconciliarnos con Dios, llegamos al punto de partida para seguir el ejemplo de Jesús en su vida.

¿Escuchaste bien esa frase? "Seguir el ejemplo de Jesús en su vida", así y solo así nos convertimos en sus discípulos, cuando seguimos sus pasos.eXpedientes

MANUAL DEL AGENTE
Nuestro pasaje bíblico
Lucas 3

Ideas para pasar la voz:
A continuación, presentaremos algunas afirmaciones que Jesús dijo de Él mismo mientras estaba aquí en la tierra. Elige la idea de relato que más te guste y prepara también los elementos o dibujos que prefieras usar.

Idea de relato #1 - Juego de memoria
Usa tarjetas en blanco para armar parejas de los objetos que nombramos abajo (pan, luz, puerta). y relata la historia a medida que los niños vayan descubriendo las parejas. Ejemplo: si descubren la pareja del dibujo del "Pan" explicas a los niños lo que Jesús dijo acerca de ser el "Pan de Vida", lo que significa y el pasaje bíblico; luego procedes a escoger otro niño que intente descubrir la siguiente pareja.

Idea de relato #2 - Caja sorpresa
Usa una caja en la que puedas colocar los elementos de la historia

luego séllala completamente y haz un agujero en uno de los costados no muy grande para que los niños no vean, pero lo suficientemente amplio para que sólo puedan meter la mano para sacar un objeto. Puedes llamar al niño que prestando más atención para que saque el siguiente objeto de la caja.

Los objetos que nos recuerdan lo que dijo Jesús que era son:

1- Jesús dijo: Yo soy el Pan de vida (un pan)

Todos los días nos quitarnos el hambre y nos mantenernos con vida al comer pan. Espiritualmente es igual: nuestra hambre se sacia y nuestra vida se mantiene siempre y cuando mantenemos una relación personal y diaria con Jesús. Necesitamos nuestro maná diario y lo obtenemos en nuestro devocional diario. Versículo:

"Jesús les dijo: 'Yo soy el pan que da vida. El que viene a mí no volverá a tener hambre, y el que cree en mí no volverá a tener sed'". Juan 6:35

2- Jesús dijo: Yo soy la Luz (imagen de una luz o una vela o foco)

Debido al pecado el mundo vive en oscuridad. Al venir Jesús, trajo la Luz de la salvación y restauró nuestra relación con el Padre celestial. Cuando recibimos a Jesús llega la Luz a nuestra vida. (Romanos 3:23 y 6:23). Versículo:

"Jesús, una vez más le habló a la gente diciendo: 'Yo soy la luz del mundo. El que me sigue no andará en oscuridad, porque tendrá la luz de la vida'". Juan 8:12

3- Jesús dijo: Yo soy la Puerta (imagen de una puerta)

Antes los pastores dormían la entrada del redil para proteger a las ovejas en la noche. Aquí Jesús dice que Él es la Puerta, lo que quiere decir que Él es el único acceso y el único medio para que podamos llegar al Padre. Versículo:

*"Yo soy la puerta; el que entra por esta puerta, se salvará. Podrá
entrar y salir, y hallará pastos". Juan 10:9*

4- Jesús dijo: Yo soy el Buen Pastor (imagen de una vara de pastor)

Jesús dijo que un pastor bueno ama a las ovejas pero que el que
no es en verdad un pastor sólo quiere su salario y al ver el peligro
se va corriendo y deja a las ovejas solas sin protección. Aquí Jesús
estaba anunciando que Él era el buen pastor quien daría su vida
por sus ovejas al morir en la cruz.
Versículo:

*"Yo soy el buen pastor… Yo conozco a mis ovejas y ellas me conocen a
mí". Juan 10:11,14*

5- Jesús dijo: Yo soy la Resurrección y la Vida (imagen de una tumba vacía)

Aquí Jesús estaba declarando que Él es el único que tiene todo el
poder sobre la vida y la muerte; esto se debe a que Él es el creador
de la vida. Al creer en Él no sólo nos perdona nuestros pecados,
sino que nos garantiza la vida eterna a través de la resurrección.
Versículo:

*"Jesús le dijo: 'Yo soy la resurrección y la vida. El que cree en mí,
aunque muera, vivirá'". Juan 11:25*

6- Jesús dijo: Yo soy la Vid (imagen de una vid)

Israel se familiarizaba con las siembras y cosechas de uvas, por
eso Jesús usó este ejemplo, diciendo que Él era el tronco, y cada
cristiano es una ramita y que Su deseo es que crezcamos, nos
desarrollemos y demos fruto. Pero para que una rama pueda crecer
y dar fruto necesita estar pegada al tronco, de otra manera muere.
Versículo:

*"Yo soy la vid y ustedes son las ramas. El que está unido a mí, como
yo estoy unido a él, dará mucho fruto. Si están separados de mí no
pueden hacer nada". Juan 15:5*

7- Jesús dijo: Yo soy el camino (imagen de un camino)

Los seres humanos siempre han estado buscando el camino para llegar al cielo. Han pensado que el camino de las buenas obras o las religiones podían acercarlos al Padre. Pero Jesús es el único camino verdadero a través del cual podemos llegar al Padre. Versículo:

"Jesús le contestó: 'Yo soy el camino, la verdad y la vida. Nadie puede llegar al Padre si no es por mí'". Juan 14:6

BITÁCORA DE LABORATORIO

¿Cómo podemos aplicar este pasaje a nuestra vida?

Entonces, la pregunta más importante de éste día es: ¿quién es Jesús para ti? Piensa por un momento. ¿Cómo lo ves? ¿Qué figura es la que más representa para ti?

En los tiempos de Jesús sucedía exactamente lo mismo que sucede ahora, había muchas opiniones:

- Algunos pensaban que era sólo un profeta.
- Otros pensaban que era un falso profeta.
- Sólo unos pocos creyeron en él como quien el realmente era: "El Salvador".

Lo más importante es lo que tú crees de Jesús, la manera en que lo conoces personalmente.

El desafío de hoy es que pienses por un momento en tu relación con Jesús. Tal vez vienes a la iglesia porque tus papás te traen o vienes obligado o ni siquiera sabes por qué vienes.

Sin importar tu edad, lo más importante en tu vida es que desarrolles una relación personal con Jesús como tu Salvador, Señor, amigo, maestro, consolador, etc.

Verdadero o Falso

Digamos "Verdadero" o "Falso" a las siguientes preguntas:

1- ¿Es Jesús el Pan de vida para ti?

2- ¿Es Jesús la Luz de tu vida?

3- ¿Es Jesús la Puerta al Padre para ti?

4- ¿Es Jesús tu Buen Pastor?

5- ¿Es Jesús la Resurrección y la Vida para ti?

6- ¿Es Jesús tu Buen Pastor?

7- ¿Es Jesús la Vid a quién estás conectado para dar fruto?

Pregunta y Escucha

De todos los nombres de Dios, ¿cuál es el que es más importante para tu vida?

Permite que los niños se expresen no te apresures en este segmento. Es muy importante para que puedas escuchar el corazón de tus alumnos.

ARCHIVOS DE EXPERIMENTOS
Manos a la obra

Es el tiempo donde hacemos algo práctico, un dibujo, un proyecto, un diseño, una manualidad en la que los chicos sellan la historia en su corazón a través de sus manos.

Idea#1- (Estudiante Creativo): Texteando a Dios

Trae siluetas de un diálogo para que los niños se imaginen que le están enviando un "Mensaje de Texto" a Dios. Los niños pueden trabajar en parejas para crear los mensajes para Dios. Ellos deben escribir un texto por cada nombre de Dios importante para sus vidas. Al llegar a casa, diles que pongan el texto en el lugar donde suelen hablar con Dios con mayor frecuencia.

Idea#2- (Estudiante Metódico): Los días de la Semana

Puedes traer una hoja donde estén los días de una semana y luego pide que escriban uno de los nombres de Dios para cada día. La idea es que la coloquen en alguna parte de su habitación para que cada día de la semana den gracias al Padre por estar en su vida en ese día y de esa manera.

Idea#3- (Estudiante Práctico.): Tarjeta en idiomas

Si puedes crea un pequeño tablero como el de "lotería" donde los niños coloquen un grano o un botón en el dibujo del nombre de Dios que tú menciones. Quien llena su tablero primero, es el ganador.

Idea#4- (Estudiante Activo): Tarjetas de Memoria

Realiza un juego de memoria con tarjetas con las diferentes imágenes de lo que Jesús dijo que es. Si el tiempo y los recursos te lo permiten, cada estudiante puede hacer un juego de memoria para llevar a casa y poder enseñárselo a los que están a su alrededor.

Material complementario:

MISIÓN MUNDIAL

PIES DE AGENTES | AGENTES EN LA RED

EPISODIO 4

MILAGROS DE JESÚS

INTRODUCCIÓN

Al final del evangelio de Juan se nos presenta una pista muy interesante:

> *"Jesús hizo muchas otras cosas, tantas que, si se escribiera cada una de ellas, creo que en el mundo entero no cabrían los libros que se escribieran". Juan 21:25*

No puedo imaginarme la experiencia tan maravillosa que debió haber sido caminar con Jesús. Los discípulos deben haber presenciado los milagros de Jesús más asombrosos y quizá jamás registrados. En estos tiempos hubiéramos tenido reporteros todo el día grabando su vida para registrar cada milagro y, aun así, no hubiera sido posible tanta memoria para registrar todo, ya que su vida entera estaba rodeada de milagros, señales y manifestaciones de amor.

Los cuatro Evangelios son nuestra fuente primaria de información acerca de los milagros de Jesús, pero debemos recordar que los evangelios son relatos de los testigos que caminaron con Jesús y debido a que son narraciones no todas tienen el mismo orden o coinciden con los mismos hechos.

Por ejemplo: respecto a la "Tentación de Jesús en el Desierto" el evangelio de Marcos menciona muy rápidamente y sin detalles este suceso, Juan no lo menciona y Mateo y Lucas mencionan las tres pruebas que el diablo le puso a Jesús pero en distinto orden.

Otro ejemplo es en Mateo 8, que habla en plural respecto a "Endemoniados Gadarenos" mientras que Marcos 5 habla en singular "Endemoniado Gadareno"; para uno la obra específica en una persona llamó la atención mientras que para el otro el impacto de un grupo de necesitados fue su centro de atención. Las narraciones y percepciones humanas han sido complejas y variadas, pero siempre verídicas, de manera que los milagros de Jesús pueden ser un tema infinito y profundo. Pero la meta no debe ser una lista cuantitativa de los milagros, sino una sumatoria de fe que nos haga mejores cristianos para que modelemos y compartamos el conocimiento de Jesús a otros.

A continuación, presentamos una lista parcial y lo más cronológica posible de los milagros de Jesús más conocidos, según los cuatro evangelios:

1.-Jesús convierte el agua en vino. (Juan 2:1-11)
2.-La curación del hombre con un espíritu inmundo.
    (Marcos 1:23-28; Lucas 4:33-37)
3.-Jesús sana a la suegra de Pedro. (Mateo 8:14-17; Marcos 1:29-31;
    Lucas 4:38-39)
4.-Muchos son sanados por la tarde. (Mateo 8:16-17; Marcos 1:32-34;
    Lucas 4:40-41)
5.-Milagro de los peces. (Lucas 5:1-11)
6.-La curación de un leproso. (Mateo 8:1-4; Marcos 1:40-45;
    Lucas 5:12-16)
7.-La curación de un paralítico. (Mateo 9:1-8; Marcos 2:1-12;
    Lucas 5:17-26)
8.-Las curaciones junto al mar. (1) (Mateo 4:24-25,12:15-16;
    Marcos 3:7-12; Lucas 6:17-19)
9.-Jesús sana al criado del centurión. (Mateo 8:5-13; Lucas 7:1-10)
10.-Curación del hijo de un oficial del rey. (Juan 4:46-53)
11.-Jesús resucita al hijo de la viuda de Naín. (Lucas 7:11-17)
12.-Jesús calma la tempestad.(Mateo 8:23-27; Marcos 4:35-41;
    Lucas 8:22-25)
13.-Los endemoniados Gadarenos. (Mateo 8:28-34; Marcos 5:1-20;
    Lucas 8:26-39)
14.-La curación de una mujer con el flujo de sangre. (Mateo 9:20-22;
    Marcos 5:25-34; Lucas 8:43-48)
15.-Jesús resucita a la hija de Jairo. (Mateo 9:18,23-26;
    Marcos 5:21-24,35-43; Lucas 8:40-42,49-56)
16.-Curación de un paralítico del estanque de Betesda. (Juan 5:1-15)
17.-La curación de dos ciegos.(Mateo 9:27-31)
18.-La curación de un mudo endemoniado. (Mateo 9:32-34;
    Lucas 11:14-15)

19.-Jesús sana al hombre de la mano seca. (Mateo 12:9-14;
    Marcos 3:1-6; Lucas 6:6-11)

20.-Pocas curaciones en Nazaret. (Marcos 6:5-6)

21.-Alimentación de los cinco mil. (Mateo 14:13-21; Marcos 6:32-44;
    Lucas 9:10-17; Juan 6:1-15)

22.-Jesús anda sobre el mar. (Mateo 14:22-33; Marcos 6:45-52;
    Juan 6:16-21)

23.-Las curaciones en Genesaret. (Mateo 14:34-36; Marcos 6:53-56;
    Juan 6:22-25)

24.-Las curaciones junto al mar. (2) (Mateo 15:29-31)

25.-La curación de un sordomudo. (Marcos 7:31-37)

26.-Alimentación de los cuatro mil. (Mateo 15:32-39; Marcos 8:1-10)

27.-La curación del ciego de Betsaida. (Marcos 8:22-26)

28.-Jesús sana a un muchacho endemoniado/epiléptico.
    (Mateo 17:14-21; Marcos 9:14-29; Lucas 9:37-43)

29.-La mujer sanada en un día de reposo. (Lucas 13:10-17)

30.-Jesús sana al hombre hidrópico. (Lucas 14:1-6)

31.-La curación de los diez leprosos. (Lucas 17:11-19)

32.-La curación del ciego de nacimiento. (Juan 9:1-41)

33.-Jesús resucita a Lázaro. (Juan 11:1-44)

34.-La curación de dos ciegos de Jericó. (Mateo 20:29-34;
    Marcos 10:46-52; Lucas 18:35-43)

35.-La higuera seca. (Mateo 21:19-22; Marcos 11:20-26

36.-Jesús sana la oreja del siervo del sumo sacerdote (Malco).
    (Lucas 22:50-51)

37.-La resurrección. (Juan 2:19-21, Juan 10:17-18, 1 Corintios 15:1-8)

38.-La pesca milagrosa. (Juan 21:4-11)

No haremos una investigación profunda de cada milagro ni iremos por una lista interminable e imposible de cumplir en una clase, pero puedes familiarizarte con los milagros para presentarles a los niños el panorama de un Dios misericordioso que hizo milagros y que es el mismo ayer, hoy y siempre.

En los tiempos bíblicos la medicina no era avanzada como ahora. No existían vacunas ni ningún método para prevenir el contagio de enfermedades. El conocimiento era tan reducido que había muchas más creencias basadas en la ignorancia y el temor que en verdaderos descubrimientos médicos como los que tenemos ahora. Es más, no existía la clasificación de enfermedades que hoy en día tenemos que nos ayuda a saber lo que sí es contagioso y lo que no lo es.

En los tiempos de los evangelios se creía que casi todas las enfermedades eran contagiosas; también la ley llamaba algunas condiciones físicas como impuras y tenía campos a donde mandaba a la gente que la sociedad no quería cerca para evitar el contagio de enfermedades. En algunos casos vestían un manto que los distinguía como enfermos, o caminaban con una campana para avisar que venía una persona enferma.

Una de las enfermedades más fuertes en esa época era la lepra. Los leprosos en los tiempos bíblicos eran tremendamente despreciados. Si el sacerdote determinaba que la persona estaba enferma de lepra ésta era enviada a un campamento de leprosos y no podía volver a incorporarse en la sociedad. Nunca más volvía a ver a su familia a menos que recibiera una sanidad sobrenatural.

Sin duda, el hecho de que Jesús se tomó un tiempo durante su ministerio para "tocar a los intocables", marcaba una diferencia radical con los religiosos y la mentalidad de la época. Cada milagro acreditaba a Jesús como el verdadero Mesías.

Misterios por resolver:
¿Por qué es importante hablar de los milagros de Jesús?

¿Por qué Jesús se tomó tanto tiempo para estar entre la gente y buscar a aquellos que tenían necesidad de un milagro?

¿Crees que Jesús puede hacer milagros hoy?
¿Qué milagro necesitas en tu vida o en tu familia?

ESPACIO "D"

Nuestra sección para jugar con propósito

Maestro, hemos llegado a nuestro tiempo de aprender jugando. Cada vez que vemos a un niño vemos alegría, juegos y diversión, es por eso que este tiempo es tan importante. Si queremos llegar a su corazón debemos hablar su lenguaje: "alegría, juegos y diversión".

Desafío #1: El Estanque de Betesda

Lee Juan 5:1-15 y organiza a la clase para que todos estén sentados en sillas formando un círculo.

Explicación para los niños:

Escuchamos que en el estanque de Betesda se reunían personas con diferentes enfermedades y que cuando un ángel del cielo bajaba a remover las aguas el primero que tocaba el agua era sanado.

Voy a pasar a decirles al oído varios tipos de enfermedades, por ejemplo: gripe, alergia, dolor de estómago, fiebre, dolor de cabeza, etc. Luego voy a empezar un relato mencionando estas diferentes enfermedades y cuando escuchen la que les dije en el oído deberán caminar detrás de mí, pero cuando yo diga: "Sanados por Jesús…" todos deben buscar sentarse.

Tú irás quitando de a una silla por vez y el jugador que se quede sin silla irá saliendo del juego.

Enseñanza:

Jesús es la respuesta a nuestras necesidades. Siempre que te sientas enfermo de algo puedes ir a Jesús. A veces Él te sanará como respuesta a tu oración y en otras ocasiones usará la medicina para traer sanidad a tu cuerpo, pero siempre puedes acudir a Jesús y él obrará a tu favor.

Material: Sopa de letras y Crucigrama

TARJETA "C" + EVIDENCIA

Un dato científico, cultural o contextual + un objeto relacionado

Como vimos en la *Explicación del Material*, un integrante del equipo que ganó los desafíos será el encargado de abrir la *Caja de Misterio*. Si hubo un empate o si fue un juego en el que no hubo ganadores realiza un rápido sorteo, jueguen a "Piedra, papel o tijera" o algo similar.

Recuerda que para la *Caja de Misterio* debes fabricar, comprar, construir o reciclar una maleta de viaje, un baúl de antaño, alguna caja antigua o algún contenedor misterioso. Dedícale atención y tiempo a este contenedor pues lo usarás durante todas las *Investigaciones Bíblicas del Nuevo Testamento*.

Allí pondrás la *Tarjeta "C"* y la Evidencia que te explicaremos a continuación. Recuerda que primero deben leer la *Tarjeta "C"* y luego descubrir la Evidencia.

TARJETA "C"

Maestro, a continuación, encuentra los datos para tu *Tarjeta "C"*; prepárala con anticipación y asegúrate de escribir los datos que tú consideras más claros y valiosos para tu lección.

Imaginemos que te enfermas de gripe, pero como tu maestro no está seguro de qué es, entonces pide que te manden a un campamento fuera de la ciudad, donde no puedes ver ni hablar con tu familia, no puedes entrar a la ciudad y no puedes hablar con nadie porque al no saber qué tienes no quieren que contagies a las personas sanas de eso "raro" que tienes. ¿Cómo te sentirías? *(Escucha las opiniones de tus alumnos y luego continúa la clase).*

Hoy vamos a estudiar seis de los muchos milagros de Jesús. Eran situaciones en las que tal vez la gente se sentía despreciada, alejada de los que amaba y sin ninguna posibilidad de poder empezar su vida otra vez, hasta que Jesús aparece y cambia la historia de su vida… y de la humanidad.

Sugerencias para tu Tarjeta "C":
#1-En los tiempos de Jesús no existía la medicina moderna, los enfermos no siempre tenían un tratamiento efectivo para sus enfermedades. Es más, no existían los doctores y especialistas que ahora conocemos.
#2-No había vacunas para prevenir enfermedades.
#3-La gente vivía con miedo porque no sabía qué enfermedades eran contagiosas y cuáles no.
#4-Por todo, esto cuando la gente supo que Jesús sanaba, Él ya no podía entrar a las ciudades porque todos los enfermos se amontonaban para que los curara.
#5 Los milagros tuvieron mucha importancia en la fase inicial del ministerio de Jesús porque lo acreditaba como el verdadero Mesías.

LA EVIDENCIA
Objeto divertido:
una chancleta o sandalia

Objeto principal: un objeto que represente a una persona no vidente. Puede ser un bastón blanco o lentes oscuros.

Explicación para los niños:
Atención, ¿están listos para conocer la evidencia del día de hoy? ¿Están listos? Cuenten conmigo: a la una, a las dos y a las tres… *(el niño designado mete la mano en la Caja de Misterio y saca la*

chancleta) ... ¡Guau! creo que traje la maleta incorrecta, déjenme ver... Ahora sí, ¿están listos para conocer la evidencia del día de hoy? Cuenten conmigo, a la una, a las dos y a las ¡tres!

(El niño vuelve a meter la mano en la caja y saca ahora saca los lentes oscuros o el objeto que hayas traído).

¿Qué es esto?

En los tiempos de Jesús, los ciegos no se identificaban como ahora. Si vas por la calle ves que una persona ciega tiene varias características: ¿pueden decirme algunas que ustedes han visto?

(Escucha las opiniones de los niños y luego puedes agregar: lentes oscuros, bastones, varas largas y blancas con las que van midiendo o conociendo el camino, gente que les guía y hasta perros de ayuda para moverse. Hoy en día los ciegos pueden hacer muchas cosas sin limitación, hasta corren maratones con asistencia especial).
Pero en los tiempos de Jesús, lo ciegos no tenían tanta ayuda, tal vez, eran despreciados, poco comprendidos y marginados por su condición. Hoy haremos una investigación sobre algunos de los muchos milagros de Jesús.

EXPEDIENTES
MANUAL DEL AGENTE
Nuestro pasaje bíblico
Maestro, a continuación, sugerimos seis milagros para presentar, no obstante, puedes usar los milagros que más conozcan tus niños o que sean de tu preferencia, según tu tiempo y el plan de tu clase.

Materiales: Cubo de Milagros
Nota: A continuación, te explicaremos la idea del Cubo de Milagros; te animamos a preparar este cubo lo mejor que puedas ya que usaremos este material en diferentes actividades de esta lección.

Idea de relato # 1 - El cubo de milagros

Explicación para el maestro:

Consigue una caja cuadrada, resistente y de buen tamaño; ciérrala y fórrala para formar un dado/cubo gigante. Luego escoge seis milagros y represéntalos a cada uno a tu gusto en cada lado del cubo.

Llama a un niño(a) para que lance en el dado y te cuente lo que sabe sobre el milagro que tocó. Si ya has hablado de ese milagro, permite que la clase diga en voz alta los puntos que mencionaste al respecto, de esa manera irán memorizándolos. Repite el lanzamiento del dado con otros alumnos hasta terminar todos los milagros.

Toma un tiempo para anotar los puntos más importantes de cada milagro para que pueda ser repetido por los niños, es decir no cuentes seis historias que te tomen toda la clase; debe ser algo dinámico y divertido, que los emocione.

Los milagros tuvieron mucha importancia en la fase inicial del ministerio de Jesús porque lo acreditaba como el verdadero Mesías.

Algunos milagros sugeridos y datos interesantes a los que puedes referirte son:

1- Curación del hijo de un oficial del rey (Juan 4:43-54)
- Un oficial del rey tenía un hijo enfermo a punto de morir.
- El oficial busca a Jesús y le pide con desesperación que sane a su hijo.
- Jesús le dijo: "Ve tu hijo vive", y el hombre creyó.
- En este milagro no solo Jesús sanó al hijo enfermo, sino que trabajó en la fe del padre que, sin ver, creyó la palabra que le dijo Jesús.
- Este oficial del rey tuvo la clase de fe que obra milagros, escuchó la palabra, la creyó y obedeció regresando a casa confiado de su milagro.

- Al llegar a casa lo recibieron sus siervos diciendo: "Tu hijo vive".

2- Jesús resucita al hijo de la viuda de Naín (Lucas 7:11-17)

- Este milagro solo está registrado en el libro de Lucas.
- Jesús fue a la aldea de Naín y una multitud lo seguía.
- Una viuda lloraba por la muerte de su único hijo.
- Jesús se los encuentra camino al funeral y su corazón rebosó de compasión al ver la soledad de la madre.
- Jesús dirigiéndose al joven dijo: "¡Joven levántate!".
- El joven se incorporó y empezó a hablar.

3- Jesús resucita a la hija de Jairo (Mateo 9:18,23-26; Marcos 5:21-24,35-43; Lucas 8:40-42,49-56)

- Jairo era uno de los principales de la sinagoga. Él deseaba que Jesús viniera a su casa porque su hija estaba muriendo y no podían hacer nada por ella.
- Al ver a Jesús le rogó que viniera a su casa. Jesús fue, pero en el camino se detuvo a sanar a una mujer enferma. La fe y la paciencia de Jairo fueron probadas.
- Mientras la mujer era sanada la hija de Jairo murió.
- La gente perdió la esperanza y le decían: "¡Ya no molestes al maestro, tu hija ya murió! Ya nada se puede hacer".
- Al llegar a la casa había mucha gente llorando, pero Jesús dijo: "La niña no está muerta sólo duerme". Todos se rieron.
- Jesús resucitó a la niña sólo diciendo "Talita cumi" que traducido es: "Niña a ti te digo: 'levántate'".

4- Alimentación de los cinco mil (Mateo 14:13-21; Marcos 6:32-44; Lucas 9:10-17; Juan 6:1-15)

- Este milagro se repite en los cuatro evangelios y fue el milagro de Jesús con más testigos: había más de diez mil personas.
- Sucedió al otro lado del mar de Galilea.

- Lo seguía una gran multitud porque veían las señales que hacía en los enfermos.
- Un niño ofreció sus cinco panes y dos peces para alimentar a la multitud y la fe de los discípulos fue probada.
- Jesús mostró su amor multiplicando estos sencillos panes y peces; alimentó a toda la multitud y hasta sobraron doce canastas... ¡Guau! Sin duda Jesús les dio a todos una lección de compasión, amor, fe y abundancia.

5- Jesús sana a un leproso (Marcos 1:40-45)

- En los tiempos de Jesús la lepra era incurable. Padecerla era una marca terrible y las personas que la sufrían eran separadas de su familia y amigos. Nadie se les acercaba.
- Pero un leproso fue valiente y humildemente se postró delante de Jesús diciendo: "Si quieres puedes limpiarme".
- Jesús se conmovió, extendió su mano y lo "tocó". Solo una palabra hubiera sido suficiente, pero Jesús sabía la diferencia que haría en el corazón del leproso si lo tocaba, porque nadie lo hacía.
- Jesús le dijo: "Quiero, ¡sé limpio!", e inmediatamente el leproso quedó ¡totalmente limpio!
- Jesús le pidió al leproso que no contara nada, pero... ¡qué difícil era guardar este secreto poderoso!

6- Jesús calma la tempestad (Mateo 8:23-27; Marcos 4:35-41; Lucas 8:22-25)

- Jesús había estado rodeado de multitudes; como siempre muchos le seguían buscando sanidad y milagros.
- Él y sus discípulos, cansados de la larga jornada, deciden navegar hacia el otro lado del lago del mar de Galilea para descansar.
- Estando en medio del lago los sorprende una fuerte tempestad, y en medio de esta tormenta Jesús "duerme".
- La tempestad fue tan fuerte que los discípulos gritaron: "¿Señor no te das cuenta de que perecemos?" Los discípulos gritaron: "¡Jesús sálvanos!". Su fe fue probada.

INVESTIGACIONES BÍBLICAS

- Jesús se despertó y silenció al viento y calmó la tormenta... pero también les dijo a los discípulos: "¿Qué les pasa hombres? ¿Dónde está su fe?".
- Los discípulos iban con el Maestro, pero no confiaron, tuvieron temor de morir.
- Sorprendidos del poder del Señor se preguntaban entre ellos: "¿Quién es este que aun el viento y el mar le obedecen?".

BITÁCORA DE LABORATORIO

¿Cómo podemos aplicar este pasaje a nuestra vida?

Maestro, sienta a los niños de tu clase en círculo y coloca el "Cubo de los Milagros" en el centro. Luego inicia una conversación similar a esta: La pregunta más importante de este día es:

¿Qué milagro necesitas en tu vida o en tu familia?

Piensa por un momento.

Hebreos 13:8 nos enseña que Jesús es el mismo ayer, hoy y siempre; por lo tanto, el Dios de milagros de los Evangelios sigue haciendo milagros hoy.

¿Has visto un milagro en tu vida o en la de tu familia?

Puedes empezar como maestro compartiendo muy brevemente acerca de un milagro que viviste y que te muestra el amor que Dios te tiene.

Verdadero o Falso

Griten "Verdadero" o "Falso" a las siguientes preguntas:

1- ¿Jesús hizo milagros importantes para la gente?
2- ¿Los milagros de Jesús son verdaderos?
3- ¿Ha hecho Jesús milagros para ti?
4- ¿Puede Dios hacer milagros hoy?
5- ¿Conoces a alguien que necesita un milagro?
6- ¿Podemos orar y creer por un milagro hoy?

Pregunta y Escucha

¿Qué te dice Dios a ti a través de esta lección?
Permite que los niños se expresen, luego permite que hablen compartiendo milagros que puedan reconocer en su vida y su familia.

Al final, haz una oración al Señor dando gracias por su fidelidad y por ser el mismo ayer, hoy y siempre.

ARCHIVOS DE EXPERIMENTOS
Manos a la obra

¡Llegó el tiempo de poner manos a la obra! Pero antes recuérdales a los chicos las dos palabras clave que dice la Biblia que nos permitirán ver cumplido lo que esperamos:

La Biblia dice que si tenemos *fe y paciencia* podremos ver cumplido lo que esperamos, así que no sólo necesitamos poner manos a la obra sino también la fe y la paciencia.

Idea#1- (Estudiante Creativo): Tarjeta de milagros
Entrega a cada estudiante una tarjeta tamaño media carta; luego pide que escriban nombre, fecha y el milagro que necesitan de parte de Dios. Haz una oración durante la cual ellos las presenten a Dios. Luego colócalas a la vista de la clase o guárdalas donde las tengas a la mano. Con cierta frecuencia, ora por los milagros y si alguno se hace realidad permite que el niño/a lo comparta a la clase y escriba en la tarjeta la fecha y la respuesta de Dios.

Idea#2- (Estudiante Metódico): El Mismo ayer, hoy y siembre:
Prepara otro grupo de tarjetas que en un lado tengan el versículo de Hebreos 13:8 y que en el otro tenga un espacio en blanco para que los chicos escriban el milagro por el cual están orando; luego diles a tus alumnos que guarden la tarjeta en su Biblia o en un lugar donde, cuando la vean, continúen orando al Señor.

Idea#3- (Estudiante Práctico): El Cubo de los Milagros

Si puedes conseguir cajas pequeñas cuadradas, reproduce el cubo de milagros para cada niño, pero deja que cada uno lo dibuje o escriba de manera personalizada. Cada alumno elegirá qué milagros quiere incluir o si quiere poner versículos clave para su fe. Dales materiales para que coloreen, corten y armen su cubo para llevar a casa y contar acerca de los milagros de Jesús a su familia y amigos.

Idea#4- (Estudiante Activo): Mural de Milagros

Si tienes los recursos, arma un mural de papel titulado "Muro de Milagros". Coloca una foto de cada niño y escribe el milagro por el cual están orando con la clase. Con la ayuda de los niños arma un lindo mural de fe y conforme reciban respuesta celebren y añadan más peticiones allí.

Material complementario:

MISIÓN MUNDIAL

PIES DE AGENTES | AGENTES EN LA RED

EPISODIO 5

RESURRECCIÓN

INTRODUCCIÓN

Aunque esta es nuestra lección #5, en importancia es realmente la #1. Es la cúspide del Evangelio y lo que nos define y diferencia de otras religiones y doctrinas alrededor del mundo.

Sólo el cristianismo presenta a un Dios de amor que busca tener una relación de amor con su pueblo, que se hizo hombre como nosotros pero que a la vez no pecó, que dio a su Hijo en sacrificio en la cruz para pagar por nuestros pecados. Es el único Dios verdadero que ha vencido a la muerte, que ha resucitado, que ahora está sentado a la derecha del Padre y al que le ha sido dado un nombre que es sobre todo nombre. Ese es nuestro Dios y esa es nuestra investigación del día de hoy.

Hoy no vamos a detallar la crucifixión de Jesús, sino que vamos a centrarnos en el hecho de la resurrección. Observaremos lo que hizo Jesús para animar a los discípulos, para que comprendieran que todo lo sucedido era el plan del Padre y que ellos debían propagar el mensaje de salvación a todo el mundo.

Los cuatro evangelios son nuestra fuente de información ya que ellos fueron los testigos directos de estos hechos.

Mateo inicia y termina con una declaración poderosa: "Emanuel" que significa "Dios está con nosotros". En Mateo 1:23 José recibe indicaciones de que el niño que María llevaba en el vientre había sido concebido por el Espíritu Santo y su nombre sería "Emanuel".

Luego Jesús, antes de irse, parte de sus últimas palabras para confortar a los discípulos fue esa misma promesa; las últimas palabras en el libro de Mateo son: *"Estaré con ustedes siempre, hasta el fin del mundo"*. Mt 28:20.

La obra de Cristo en la tierra se inicia y se termina con la misma promesa para sus discípulos: "Yo estoy contigo siempre".

Con esa seguridad los discípulos recorrieron el mundo anunciado las Buenas Nuevas de la resurrección de Jesús y por eso nosotros estamos aquí hoy.

Hechos 1:3 registra que después de haber resucitado, Jesús estuvo cuarenta días con sus discípulos para asegurarles que Él estaba vivo y para restaurarlos y afirmarlos en la misión mundial que tenían.

Durante esos cuarenta días se registran varias apariciones de Jesús a sus discípulos, las cuales aparecen en los siguientes versículos:

#1.- Jesús se aparece a María Magdalena. (Mr. 16:9-11 y Jn. 20:10-18)

#2.- Jesús se aparece a las mujeres. (Mt. 28:8-10)

#3.-Jesús se aparece a dos creyentes que viajaban a Emaús. (Mr.16:12-13 y Lc. 24:13-35)

#4.- Jesús se aparece únicamente a Pedro. (Lc. 24:34-35)

#5.- Jesús se aparece a los discípulos menos a Tomás en Jerusalén. 43 y Jn. 20:19-23)

#6.- Jesús se aparece a los discípulos, esta vez incluyendo a Tomás en Jerusalén. (Mr. 16:14 y Jn. 20:24-31)

#7.- Jesús se aparece a los discípulos mientras pescan. (Jn. 21:1-14)

#8.-Jesús se aparece a más de quinientos discípulos a la vez. (1Co. 15:6)

#9.- Jesús se aparece a Santiago, el menor. (1Co. 15:7)

#10.- Jesús se aparece a los discípulos en Jerusalén. (Lc. 24:44-49)

#11.- Jesús presenta la Gran Comisión. (Mt. 28:16-20 y Mr. 16:15-18)

#12. Jesús se aparece por última vez a sus discípulos en Jerusalén o Betania, donde se despide y asciende al cielo. (Mr. 16:19-20 y Lc. 24:50-53]

Misterios por resolver:

- ¿Por qué Jesús decidiría esperar cuarenta días para subir al cielo?
- ¿Acaso no era más fácil que ascendiera al cielo para estar con el Padre con urgencia?

- ¿En qué estado emocional y anímico estaban los discípulos?
- ¿Qué logró Jesús al quedarse esos cuarenta días extra?
- ¿Crees que los discípulos hubieran cumplido la Gran Comisión si Jesús no se hubiera quedado esos cuarenta días más?

ESPACIO "D"
Nuestra sección para jugar con propósito

Maestro, hemos llegado a nuestro tiempo de aprender jugando, Cuando crecemos, sin darnos cuenta una parte del niño muere en nosotros, pero en Dios puede resucitar, y aunque la vida es seria, tal vez nos enriquezca no tomarla siempre tan en serio y regalarnos un tiempo para jugar y divertirnos.

DESAFÍO #1: ¿QUÉ PREFIERES?
Materiales:

-Papel y marcadores
-1 recipiente transparente de vidrio.

Con anticipación imprime o escribe en papelitos individuales las preguntas del juego y luego colócalas dentro del recipiente de vidrio.
A continuación, encuentras la lista de preguntas sugeridas:

¿Qué prefieres?

¿Prefieres comer una pizza entera o comer un kilo de helado entero?

¿Prefieres ser perseguido por cinco leones o por cinco osos?

¿Prefieres ser amigo de todos y no amar a Jesús o amar a Jesús, aunque no todos quieran ser tus amigos?

¿Prefieres bañarte con jugo de limón o con jugo de tomate?

¿Prefieres tomar un vaso de vinagre o un vaso de agua con sal?

¿Prefieres cumplir tus sueños o vivir cumpliendo los sueños de Dios?

¿Prefieres sentarte en el techo de una casa o en el borde de un rascacielos?

¿Prefieres tirarte de un paracaídas o tirarte de un trampolín súper alto?

¿Prefieres que toda tu familia viaje en un crucero contigo o que toda tu familia viva en el cielo contigo?

¿Prefieres ir a la escuela con los zapatos al revés o con tu pantalón al revés?

¿Prefieres pintarte el pelo de un color llamativo o rasurarte la cabeza?

¿Prefieres amar a Jesús y compartirlo con otros o prefieres que nadie sepa que lo amas?

Explicación para los niños

Vamos a hacer un juego muy emocionante que se llama "¿Qué prefieres?". Nos sentaremos en círculo y al ritmo de la música con mucho cuidado nos iremos pasando el frasco de preguntas uno a uno en sentido horario; cuando la música se detenga el niño/a que tenga el frasco en su mano debe sacar una pregunta del recipiente de vidrio, leerla en voz alta y luego responderla.

Puedes tomarte unos segundos para pensar, pero no debe ser mucho tiempo. Tenemos muchas preguntas en el recipiente así que debemos ser dinámicos y de seguro todos participaremos... ¡será muy divertido!

Enseñanza:

Siempre frente a nosotros tendremos dos caminos, dos opciones y debemos decidir qué preferimos, qué elijo, ¿por qué cosas me decido? Por ejemplo:

En cuanto a la fe: ¿prefiero a Jesús o prefiero seguir a el mundo?
En cuanto a principios: ¿prefiero la verdad o prefiero mentir?
En cuanto a la moral: ¿prefiero lo puro o prefiero pecar?

Recuerda: siempre decidirás qué es lo que prefieres, en qué crees, a quién sigues. Prefiero creer que Jesús, murió y resucitó para darme vida eterna.
¿Y tú?

DESAFÍO #2: DESCIFRA EL OLOR

Materiales:
-Bolas de algodón
-Recipiente para colocar en un orden que puedas reconocer para nombrar
-Distintos aromas para untar en el algodón para que los niños descifren
 -Una venda para los ojos

Maestro, reúne diferentes esencias de aromas agradables y desagradables (vainilla, vinagre, limón, yerbas aromáticas, etc.) para que los niños descifren sin mirar. Ten presente el nombre de cada aroma para que al final puedas revelar de qué son y puedas premiar a quien más aromas descubrió.

Explicación para los niños:
Vamos a jugar a "Descifra el olor", voy a escoger a un ayudante para que pase a la mesa del desafío y descifre los diferentes aromas que tengo en los algodones.

Tenemos una lista en donde está escrito qué tiene cada algodón así podremos estar seguros si las respuestas son correctas o no.
Quién descifre más aromas ganará un premio de olor fragante.
¿Están listos?

Sugerencia: de acuerdo a la edad prepara premios especiales que tengan aroma, pueden ser desde marcadores de olor hasta popurrí para ambientar los espacios o varitas de incienso de olor agradable.

Material: Sopa de letras y Crucigrama

TARJETA "C" + EVIDENCIA

Un dato científico, cultural o contextual + un objeto relacionado

Como vimos en la Explicación del Material, un integrante del equipo que ganó los desafíos será el encargado de abrir la Caja de Misterio. Si hubo un empate o si fue un juego en el que no hubo ganadores realiza un rápido sorteo, jueguen a "Piedra, papel o tijera" o algo similar.

Recuerda que para la Caja de Misterio debes fabricar, comprar, construir o reciclar una maleta de viaje, un baúl de antaño, alguna caja antigua o algún contenedor misterioso. Dedícale atención y tiempo a este contenedor pues lo usarás durante todas las Investigaciones Bíblicas del Nuevo Testamento.

Allí pondrás la Tarjeta "C" y la Evidencia que te explicaremos a continuación. Recuerda que primero deben leer la Tarjeta "C" y luego descubrir la Evidencia.

TARJETA "C"

Maestro, a continuación, encuentra los datos para tu Tarjeta "C"; prepárala con anticipación y asegúrate de escribir los datos que tú consideras más claros y valiosos para tu lección.

Estamos viendo un momento de la historia que cambió al mundo para siempre: la resurrección de Jesús es el hecho más glorioso que ha tenido lugar en la historia de la humanidad.

Jesús ha caminado con los discípulos, ellos le han oído predicar, le han visto hacer milagros, han caminado con Él aprendiendo y creyendo, pero llega el momento en que les anuncia que necesitaba ir a Jerusalén, padecer y morir, y que iba a resucitar al tercer día (Mr.8:31; Mr. 9:1 y Lc. 9:22-27). Este era el anuncio de su verdadero propósito: Jesús había venido para morir y cumplir la voluntad del Padre. Pero, ¿por qué los discípulos no entendieron el mensaje? Una vez muerto Jesús, los discípulos se encerraron llenos de miedo pensando que a ellos les iban a hacer lo mismo; olvidaron que Jesús les había dicho que resucitaría al tercer día. Lo interesante es que los religiosos que crucificaron a Jesús sí recordaban lo que Él había dicho; entonces corrieron a Pilato para pedir que colocarán soldados para cuidar de la tumba para evitar que "sus discípulos vayan, se roben el cuerpo y luego se pongan a decir que resucitó". (Mt. 27:62-66).

¿Te imaginas? Al tercer día sucedió lo que los religiosos temían y los discípulos no entendían: Jesús se levantó de entre los muertos y eso cambió la historia del mundo para siempre.

Sugerencias para tu Tarjeta "C":
#1-Las mujeres fueron temprano el domingo para ungir el cuerpo de Jesús como un acto de amor, devoción y respeto; ellas estaban expresando el afecto que tenían por su Señor.

#2-Es posible que las mujeres, así como los religiosos, sí estuvieran expectantes de lo que podía suceder el tercer día.

#3-Jesús, al resucitar, se tomó su tiempo para asegurarse de que cada uno de sus discípulos estuviera fuerte, sano y listo para la Gran Comisión.

LA EVIDENCIA
Objeto divertido: un pescado fresco
Objeto principal: -Un frasco de aceite para ungir o un aceite con aroma agradable

INVESTIGACIONES **BÍBLICAS**

Presentación:

Atención, ¿están listos para conocer la evidencia del día de hoy? ¿Seguros? ¿Están listos? Cuenten conmigo, a la una, a las dos y a las tres... (el niño designado introduce la mano en la Caja de Misterio y saca el pescado) … ¡Ja ja ja es un pescado! Awssssshhhh, guácala, pero está crudo...no me gusta cómo huele el pescado crudo... me gusta el sabor del pescado, pero no su olor... (guárdalo rápidamente).

Ahora sí, busquemos la verdadera evidencia... ¿Están listos para conocer la evidencia del día de hoy? ¿Seguros? ¿Están listos? Cuenten conmigo, a la una, a las dos y a las… ¡tres!
¿Qué es esto? (*El niño vuelve a meter la mano en la caja y saca ahora saca el frasco de aceite para ungir*).

Este es un aceite muy especial, es un aceite para ungir. A través de los años las diferentes culturas del mundo han usado el aceite para ungir con diferentes creencias o motivaciones. Veamos algunos ejemplos.

En el antiguo Egipto, se preparaban aceites especiales con propiedades no sólo aromáticas sino para preservar cuerpos, porque ellos creían en la reencarnación u otras vidas. Hoy los arqueólogos han encontrado esos cuerpos bien preservados gracias a estos aceites, pero nunca resucitaron.

Por otro lado, el pueblo de Israel ungía a los muertos, pero ellos no lo hacían para preservarlos como los egipcios; ellos lo hacían por amor, devoción y respeto a la persona que había muerto. Era una expresión de mucho valor que un cuerpo fuera ungido.

Sugerencia: Si puedes, coloca una gota de ese aceite en las manos de todos tus alumnos. Pídele que se las froten y sientan el aroma agradable.

EXPEDIENTES
MANUAL DEL AGENTE
Nuestro pasaje bíblico

Idea para el relato: ¿Prefieres? Vs. Apariciones de Jesús

Consigue otro frasco similar al del juego de inicio de clase, pero en esta vez colocaremos las veces en las que Jesús se apareció a sus discípulos después de resucitar. Observa la lista de referencias en la introducción para hacer las tarjetas que los niños leerán.

Escoge el número de versículos según la edad de tus alumnos y el tiempo que tengas para la clase.

Jesús se aparece a sus discípulos después de que resucita:

Tarjeta#1.

Jesús se aparece a María Magdalena. (Mr. 16:9-11 y Jn. 20:10-18)

Tarjeta#2.

Jesús se aparece a las mujeres. (Mt. 28:8-10)

Tarjeta#3.

Jesús se aparece a dos creyentes que viajaban a Emaús. (Mr.16:12-13 y Lc. 24:13-35)

Tarjeta#4.

-Jesús se aparece únicamente a Pedro.
(Lc. 24:34-35)

Tarjeta#5.

Jesús se aparece a los discípulos menos a Tomás en Jerusalén. (Lc. 24:36-43 y Jn. 20:19-23)

Tarjeta#6.

Jesús aparece a los discípulos, esta vez incluyendo a Tomás en Jerusalén. (Mr. 16:14 y Jn. 20:24-31)

Tarjeta#7.

Jesús se aparece a los discípulos mientras pescan.
(Jn. 21:1-14) – incluye el pasaje.

Tarjeta#8.

Jesús se aparece a más de quinientos discípulos a la vez. (1Co. 15:6)
– incluye el pasaje.

Tarjeta#9.

Jesús presenta la Gran Comisión. (Mt. 28:16-20 y Mr. 16:15-18)

Tarjeta#10

Jesús se aparece a los discípulos mientras pescan. (Jn. 21:1-14)

BITÁCORA DE LABORATORIO

¿Cómo podemos aplicar este pasaje a nuestra vida?

Que Jesús resucitara de la muerte realmente cambió la historia
del mundo. De hecho, a los acontecimientos de la historia se los
clasifica si sucedieron "Antes de Cristo" (a.C.) o "Después de Cristo"
(d.C.).

Fue la batalla final para darle al hombre la oportunidad de tener
una vida eterna con el Padre en el cielo.
Este es el mensaje más importante y este es el evangelio que
predicamos:

> *"Es por medio de este mensaje como ustedes alcanzan la salvación;
> es decir, si todavía lo creen firmemente. Si no, todo fue en vano. Lo
> primero que hice fue transmitirles lo que me enseñaron: que Cristo
> murió por nuestros pecados, de acuerdo con las Escrituras; que
> fue sepultado y que al tercer día se levantó de la tumba, según las
> Escrituras". 1 Corintios 15:2-4*

La obra de Cristo en la cruz es algo que debemos agradecer y valorar todos los días; y eso nos debe llevar a compartir con otros lo que Dios ha hecho en nuestra vida.

Cuando realmente entendamos lo que significa que Cristo murió, fue enterrado y luego venció a la muerte, será más fácil convertirnos en comunicadores de esa verdad para las personas que nos rodean.

Verdadero o Falso
Vamos a decir "Verdadero" o "Falso" a las siguientes preguntas:

1- ¿Jesús verdaderamente resucitó?
2- ¿Los soldados que cuidaban la tumba supieron que resucitó?
3- ¿Fue fácil para los discípulos aceptar que Jesús había resucitado?
4- ¿Jesús decidió quedarse cuarenta días más con sus discípulos?
 5- ¿Al ver a Jesús sus discípulos creyeron en Él?

Pregunta y Escucha
¿Qué crees que los discípulos sintieron cuando vieron que Jesús estaba vivo?

Permite que los niños se expresen, no te apresures en este segmento, es muy importante. A medida que se acostumbren a él, escucharás el corazón de tus alumnos.

ARCHIVOS DE EXPERIMENTOS
Manos a la obra

Idea#1- (Estudiante Creativo): Preguntas en grupo
Según la edad de tus alumnos puedes dirigir esta actividad a toda la clase o bien hacer grupos entre los alumnos para que conversen sobre las respuestas y escriban la respuesta a la siguiente pregunta: Si Jesús no hubiera resucitado, ¿cómo sería el mundo hoy?

Idea#2- (Estudiante Metódico): Une el milagro con la cita bíblica
Escoge cinco de las apariciones de Jesús a sus discípulos, luego

escribe en cinco tarjetas cada uno de los milagros, y en otras cinco tarjetas cada una de las referencias bíblicas. Pídeles a los alumnos que se sienten en círculo y coloca las tarjetas en el piso en el centro del círculo, de un lado los milagros y en otro lado las citas bíblicas. La actividad consiste en que los alumnos puedan unir con una cuerda o lana la tarjeta del milagro con la cita correspondiente.

Idea#3- (Estudiante Práctico): Tarjeta de duelo

Cuando alguien muere su familia queda muy triste, tal y como quedaron los discípulos de Jesús. Vamos a escribir una tarjeta para dar palabras de ánimo para alguien que está pasando ese dolor. Si los niños conocen a una persona o familia en esta situación, pueden hacerla personal, si no, que las hagan para compartir con alguien de la familia o de la iglesia que necesite consuelo.

Idea#4- (Estudiante Activo): Resucitó en treinta segundos

Este es el desafío: un participante pasará al frente y tendrá treinta segundos para decir toda la información posible sobre Jesús y la resurrección. A la cuenta de tres deberá hablar sin parar hasta que se terminen los treinta segundos. La idea es que sean segundos donde hable rápido, sea dinámico y comparta mucha información. El niño que diga más información en ese tiempo será el ganador.

Material complementario:

MISIÓN MUNDIAL

PIES DE AGENTES | AGENTES EN LA RED

EPISODIO 6

INICIOS DE LA IGLESIA

INTRODUCCIÓN

En esta investigación haremos un fascinante estudio de las cosas que sucedieron una vez que Jesús declaró la Gran Comisión y ascendió al cielo.

Primeramente, recordemos que los discípulos caminaban con temor ya que Jesús había sido crucificado y ellos temían que los judíos también quisieran matarlos por haber sido seguidores de Él. Por otro lado, tenían la instrucción de no salir de Jerusalén hasta recibir el regalo, la promesa que el Padre enviaría sobre sus discípulos.

Los Hechos de los Apóstoles es la continuación del evangelio de Lucas y es un libro que conecta la obra de Cristo con la obra del Espíritu Santo y el inicio de la iglesia.

Hechos viene del griego "Praxeis", usada para describir "los logros de grandes hombres". Los Hechos de los Apóstoles, como se conoce, es el registro del inicio de la Iglesia con la autoridad y el respaldo del Espíritu Santo; la obra del Espíritu Santo se menciona más de cincuenta veces en el libro de Hechos, y en realidad debería llamarse "Los Hechos del Espíritu Santo a través de los Apóstoles". En este libro encontramos la historia de los primeros treinta años de la iglesia primitiva. La primera parte enfoca la obra evangelizadora de la iglesia liderada por Pedro (Caps. 1-12) y luego presenta la obra evangelizadora liderada por Pablo (Caps. 13-28).

En Hechos 1 Lucas describe un poco más de lo que sucedió durante los cuarenta días en los que Jesús decidió permanecer en la Tierra después de resucitar, para demostrarles a sus discípulos que en verdad estaba vivo (v.3) y les afirmó las promesas del Reino. Además de eso, les dio la instrucción de permanecer en Jerusalén hasta que recibieran la promesa del Padre.

Jesús les explicó que la promesa era el "bautismo con el Espíritu Santo" (v.5) y que esa llenura les iba a dar poder para ser testigos en Jerusalén, Judea, Samaria y hasta lo último de la tierra (v.8).

Al irse Jesús, el plan maravilloso del Padre era enviar al Espíritu Santo para que habitara en cada discípulo, dándole todo lo que necesitara para cumplir la Gran Comisión. Eso se hizo realidad en el día de Pentecostés y también es una realidad el día de hoy.

Misterios por resolver:
- ¿Por qué Jesús les insistió a los discípulos que no salieran de Jerusalén?
- ¿La promesa del bautismo del Espíritu Santo fue sólo para ellos o es también para nosotros hoy en día?
- ¿Qué hicieron los discípulos después de la llenura del Espíritu Santo?
- ¿Qué crees que el Señor espera de nosotros, los discípulos modernos?

ESPACIO "D"
Nuestra sección para jugar con propósito

Maestro, hemos llegado a nuestro tiempo de aprender jugando. La Biblia nos relata que los niños seguían a Jesús y aunque los discípulos querían impedirlo, Jesús les pidió que no fueran un obstáculo y que permitieran a los niños llegar a Él. Podemos imaginarnos que Jesús era divertido, de otra manera los niños no lo hubieran buscado.

Pregúntate por un momento: ¿los niños corren a mí o corren de mí?

Desafío #1: "Montaña OloRusa"
Materiales: Ninguno

Explicación para los niños:

Vamos a hablar de cuán hermosos son los pies de los que anuncian las "Buenas Noticias". Para ello vamos a hacer dos grupos iguales. Todos se quitarán los zapatos y los apilaremos en el centro del salón todos mezclados formando una "Montaña OloRusa" (¡a ver qué grupo se los quita más rápido!).

Luego cada grupo formará una fila y a la cuenta de tres el primer jugador saldrá corriendo hacia la "Montaña OloRusa" para encontrar sus zapatos. Debe colocárselos, amarrárselos y luego regresar a su fila y "chocarle los 5" al siguiente compañero para que salga y haga lo mismo. Ganará el grupo que primero tenga todos los zapatos bien puestos.

(Si son muchos chicos para hacerlo de uno en uno, pueden hacerlo todos al mismo tiempo, pero debes estar listo para mucho ruido y mucha acción).

Enseñanza:

¿Sabías que los pies son una parte de nuestro cuerpo que siempre es tratada con descuido o poca atención? Hacemos chistes con nuestros dedos y con el olor de nuestros pies, y a veces hasta nos da vergüenza que nos vean los pies porque son gorditos o largos o porque las uñas de los pies tienen formas raras, pero la Biblia llama a nuestros pies "hermosos".

> *"¡Qué hermosos son los pies de los que proclaman las buenas noticias!".*
> *Romanos 10:15*

Tu y yo somos embajadores que anuncian las buenas noticias así que nuestros pies son hermosos. ¡¡¡ Nunca lo olvides!!!

Desafío #2: Tierra y mar

Materiales: Varias alfombras, telas o cajas de cartón que representarán islas o "tierra firme"; deben ser suficientes según el número de niños que hay en la clase. Necesitarás también una para ti.

Explicación para los niños:

(Maestro, párate en tu "tierra firme" y comienza con las indicaciones).

Vamos a jugar a "Tierra y mar". Cada vez que diga MAR ustedes deberán saltar fuera de la caja. Y cada vez que diga TIERRA deberán saltar dentro de su caja. *(Maestro, entra y sal de la caja o alfombra para explicarlo visualmente)*. Es un juego rápido y el que se confunde sale del juego hasta que tengamos un ganador. Créanme, deben estar alerta porque trataré de confundirlos entre lo que digo y lo que hago para hacer que se equivoquen.

Material: Sopa de letras y Crucigrama

TARJETA "C" + EVIDENCIA

Un dato científico, cultural o contextual + un objeto relacionado

Como vimos en la Explicación del Material, un integrante del equipo que ganó los desafíos será el encargado de abrir la Caja de Misterio. Si hubo un empate o si fue un juego en el que no hubo ganadores realiza un rápido sorteo, jueguen a "Piedra, papel o tijera" o algo similar.

Recuerda que para la Caja de Misterio debes fabricar, comprar, construir o reciclar una maleta de viaje, un baúl de antaño, alguna caja antigua o algún contenedor misterioso. Dedícale atención y tiempo a este contenedor pues lo usarás durante todas las Investigaciones Bíblicas del Nuevo Testamento.

Allí pondrás la Tarjeta "C" y la Evidencia que te explicaremos a continuación. Recuerda que primero deben leer la Tarjeta "C" y luego descubrir la Evidencia.

TARJETA "C"

Maestro, a continuación, encuentra los datos para tu Tarjeta "C"; prepárala con anticipación y asegúrate de escribir los datos que tú consideras más claros y valiosos para tu lección.

Tratemos de viajar por el tiempo y aterrizar justo al inicio del libro de Hechos; Jesús se acaba de despedir y lo vimos elevarse hacia el cielo hasta que desapareció, con la promesa de regresar por los que creen en Él.

Sin duda los discípulos seguían teniendo miedo de que los que crucificaran como hicieron con Jesús, pero al haberlo visto resucitado y al haber recibido la Gran Comisión, ¿te imaginas lo que podían estar sintiendo? Una mezcla de temor y emoción, pero también expectativa por saber cuál era la promesa del Padre. ¿Por qué era tan importante para Jesús que esperaran en Jerusalén hasta recibir el regalo?

Deben haberse sentido como cuando estás esperando una sorpresa prometida: no sabes lo que es y piensas en muchas posibilidades y sólo aguardas nervioso el momento de descubrirla… tal vez en tu cumpleaños o Navidad, o por un logro especial que hace que te tengan un obsequio sorpresa.

Jesús sabía que la Gran Comisión no iba a ser fácil y que los discípulos iban a necesitar de un ayudador perfecto, que no los dejara jamás en la tarea de compartir en todo el mundo el mensaje de que Jesús resucitó.

¿Qué experimentas con las sorpresas? ¿Te gustan las sorpresas o te ponen nervioso? ¿Prefieres que te sorprendan o que te digan por anticipado sin darte muchos detalles que algo viene, y que te dejen con la duda? (Escucha a los alumnos).

Sugerencias para tu tarjeta "C":
#1-Una vez que Jesús ascendió al cielo empezó un tiempo peligroso para los discípulos pues empezaron a ser perseguidos; debían

tener cuidado con quién hablaban o a quien le decían que eran cristianos.

#2-Los judíos expulsaban de la sinagoga y de la familia a todo aquel que decidía seguir a Jesús, así que su familia empezaba a ser la iglesia.

#3-Ahora bien, la misión de Jesús era que debían predicar en Jerusalén, Judea, Samaria y hasta lo último de la tierra… ¿ellos estaban listos para hacerlo o debían esperar algo?

LA EVIDENCIA

Objeto divertido: un calcetín usado sucio, roto y viejo.
Objeto principal: una piedra o un pedazo de madera con el símbolo del pescadito que identificaba a los primeros cristianos.

Maestro, comienza diciendo:
Atención, ¿están listos para conocer la evidencia del día de hoy? ¿Seguros que están listos?

Cuenten conmigo… a la una, a las dos y a las ¡tres!…
(El niño designado mete la mano en la Caja de Misterio y saca el calcetín. Tapa tu nariz como si tuviera muy mal olor. Pregúntales a varios niños si ese calcetín es suyo... termina lanzándolo al basurero y regresa a tu maleta).

Ahora sí, ¿están listos para conocer la evidencia del día de hoy? ¿Seguros?

Cuenten conmigo, a la una, a las dos y a las tres
(El niño vuelve a meter la mano en la caja y saca ahora saca el símbolo de pescadito).

¿Qué es esto?
Este pescadito es muy popular en el mundo cristiano, normalmente lo vemos en los automóviles de la gente que cree en Jesucristo.

El pescadito representa el nombre en griego de "pez"; el ichtus o ichthys es un símbolo que consiste en dos arcos que se intersectan de forma que parece el perfil de un pez y que fue empleado por los primeros cristianos como un símbolo secreto.

El uso del ichtus como símbolo secreto pudo haber sido el siguiente: una persona dibujaba la mitad del pescadito, es decir una curva (medio ichtus), y si otra persona dibujaba la otra curva, los dos sabrían que ambos eran cristianos.

También era usado secretamente cuando dos personas que no se conocían muy bien se veían nuevamente: una de ellas le hacía la mitad del símbolo del pez en la palma de la mano al saludarlo y el otro respondía haciendo la otra mitad si también era ferviente cristiano. Si no era cristiano y no hacía nada, pasaba como una cosquilla o como algo accidental, pero la mayoría de las veces se tomaban muchas precauciones e investigaban de antemano a la otra persona.

EXPEDIENTES
MANUAL DEL AGENTE
Nuestro pasaje bíblico

Materiales:
-5 ponchos de papel
-5 gorros con llama de fuego

Fabrica cinco ponchos de papel para vestir a cinco niños que participarán en tu relato de las cinco escenas de Hechos que veremos a continuación. Dibuja o escribe en el frente de los ponchos algo relativo a cada escena. También prepara cinco gorros con una llama de fuego en el frente para ponerle a los cinco niños.

INVESTIGACIONES BÍBLICAS

Escoge a cinco chicos y colócales los ponchos. Ubícalos de espaldas al público y pídeles que se den vuelta sólo cuando menciones la escena que les corresponde.

Según la edad de tus niños y el tiempo de la clase, puedes dar un relato personal y luego que un niño lea el pasaje de la Biblia que corresponde a cada escena.

Escena#1 – (Hechos 1:3-4) Después de resucitar Jesús se quedó cuarenta días para que sus discípulos tuvieran la plena seguridad de que estaba vivo, para que tuvieran seguridad del Reino y para que recordaran algo muy importante: tenían que quedarse en Jerusalén y esperar hasta que recibieran la promesa del Padre.

Escena#2 – (Hechos 1:5 y 8) Jesús les explicó que dentro de poco tiempo ellos iban a ser bautizados con el Espíritu Santo y que cuando el Espíritu Santo descendiera sobre ellos, recibirían poder para ser sus testigos en Jerusalén, Judea, Samaria y hasta lo último de la tierra...

Escena#3 – (Hechos 1:9-11) Mientras les decía estas palabras, el Señor Jesús comenzó a elevarse hacia el cielo hasta que desapareció al ser envuelto en una nube; los discípulos debieron haber estado con sentimientos encontrados, algunos llorando tristes y otros con temor (si hubiera sido en nuestros tiempos hubiera habido algunos tomando fotos para publicar o tal vez tomándose un selfie). En fin, todos se quedaron con la mirada fija hasta que dos ángeles les recordaron que, así como había subido al cielo, regresaría por los que creen en Él.

Escena#4 – (Hechos 2:1-4) Los discípulos obedecieron las instrucciones de Jesús y aproximadamente diez días después de que Jesús subiera al cielo, en el día de Pentecostés, estando todos juntos en ese mismo lugar, de repente se oyó un ruido desde el cielo parecido a un viento fuerte que llenó la casa donde estaban. Luego, algo parecido a llamas o lenguas de fuego se posaron sobre cada uno de ellos (en este momento colócales los sombreros con la llama de fuego a los cinco niños), y todos fueron llenos del Espíritu Santo y comenzaron a hablar en otros idiomas según el Espíritu Santo les daba esa capacidad.

Escena#5 – (Hechos 2:5-8) Ahora bien, esta era una de las fiestas judías más importantes y judíos de todo el mundo viajaban a Jerusalén para asistir a ella; por eso había gente de muchos lugares que hablaba muchos idiomas. Pero cuando oyeron el gran ruido y fueron a ver, se encontraron con los creyentes hablando en los idiomas que los judíos hablaban en sus países de origen. Y éstos fueron los primeros testigos del poder el Espíritu Santo en la vida de los discípulos.

BITÁCORA DE LABORATORIO

¿Cómo podemos aplicar este pasaje a nuestra vida?

¿Se imaginan ustedes lo que debieron haber sentido los discípulos en el día de Pentecostés? Fue muy evidente que ellos estaban llenos del Espíritu Santo y gran parte de Jerusalén fue testigo de ello.

Así fue y así ha sido desde el día de Pentecostés: cuando nosotros recibimos la llenura de Su Espíritu Santo, esa llenura nos da poder para hacer cosas que en nuestras propias fuerzas no podríamos hacer.

En Pentecostés los discípulos hablaron en idiomas que nunca habían estudiado y que no sabían, pero ellos hablaban y los turistas que los escuchaban les entendían.

Verdadero o Falso

Vamos a decir "Verdadero" o "Falso" a las siguientes preguntas:
1- ¿Fue evidente cuando los discípulos recibieron al Espíritu Santo?
2- ¿La llenura del Espíritu Santo nos da poder y habilidades únicas?
3- ¿El poder que el Espíritu Santo me da, es para que yo me haga famoso?

4- ¿Su poder es para convertirme en su testigo?

5- ¿Puedes nombrar a cristianos que conoces que viven con la llenura del Espíritu Santo? (Escucha sus respuestas).

Pregunta y Escucha

¿Qué crees que los discípulos sintieron al verse hablando en idiomas que nunca habían hablado? ¿Cómo te hubieras sentido en su lugar?

Permite que los niños se expresen no te apresures en este segmento, es muy importante y, a medida que se acostumbren a él, escucharás el corazón de tus alumnos.

ARCHIVOS DE EXPERIMENTOS

Manos a la obra

Pentecostés, del griego "pentekoste" que significa "Quincuagésimo", hace referencia a un período de cincuenta días.

Jesús fue crucificado en la Pascua y ascendió al cielo cuarenta días después de su resurrección. El Espíritu Santo vino en el día de Pentecostés y Pentecostés sucedía cincuenta días después de la Pascua.

A la fiesta de "Pentecostés" también se le llamó "Fiesta de las Semanas".

Idea#1- (Estudiante Creativo): Sombrero de fuego

Entrega a cada niño una tira de cartulina blanca y tres hojas de color amarillo, naranja y rojo. Explícales que cada uno debe dibujar en el papel de color las llamas de fuego y recortarlas para luego pegarlas en la tira de cartulina blanca y poder fabricar su propia corona de fuego.

Mientras hacen este divertido proyecto pídeles que compartan entre ellos lo que piensan que sintieron los discípulos al hablar en idiomas que no habían hablado antes.

Idea#2- (Estudiante Metódico): Pulsera ICHTUS

Consigue trozos de cuero de cuero o alguna pulsera en la que los niños puedan dibujar el pescado de ichtus; puedes también fabricar con tiras de papel las pulseras y que los niños dibujen el pescadito Anímalos a compartir con sus familias el valor de ser cristianos y cómo ese símbolo les ayudó a conocer a otros cristianos sin poner en riesgo sus vidas.

Idea#3- (Estudiante Práctico): Tarjeta en idiomas

Antes de la clase busca cómo se escribe "Jesús te ama" en diferentes idiomas. La idea es que lo escribas en una cartulina o un pizarrón para que tus alumnos lo puedan ver. Para este momento pídeles que piensen en un niño vecino de la escuela o de la iglesia y que escriban la frase en diferentes idiomas de manera creativa en una tarjeta para poder entregársela durante la semana.

Nota: ten tu dispositivo o algún recurso por si los niños te piden idiomas que no investigaste antes de la clase.

Idea#4- (Estudiante Activo): Miniponchos

Ten listos ponchos de papel para cada niño y dales tiempo para que ellos a su manera dibujen la historia del día de hoy y la cuenten en la clase.

Anímalos a usar el poncho en casa y compartir la historia con otra persona lo que aprendieron hoy.

Material complementario:

MISIÓN MUNDIAL

PIES DE AGENTES | AGENTES EN LA RED

EPISODIO 7

LOS DISCÍPULOS

INTRODUCCIÓN

Hoy haremos una investigación para averiguar lo que sucedió con los discípulos de Jesús después de que lo vieron ascender al cielo. Primeramente, recordemos los nombres de los discípulos, la Biblia dice en Lucas 6:12-16 que Jesús subió a una montaña y oró toda la noche para luego bajar y seleccionar a sus doce discípulos los cuales fueron:

Simón (a quien le puso el nombre de Pedro)
y su hermano Andrés,
Jacobo,
Juan,
Felipe,
Bartolomé,
Mateo,
Tomás,
Jacobo hijo de Alfeo,
Simón (al que llamaban Zelote),
Judas hijo de Jacobo,
y Judas Iscariote (que fue el que lo traicionó).

Estos doce discípulos siguieron a Jesús y tuvieron la oportunidad de caminar con el Maestro, escuchar sus enseñanzas y compartir con Él toda la vida durante tres años. Nadie más conoció con tanta cercanía a Jesús como ellos. Sin duda ellos debieron haber tenido recuerdos de las lecciones y los consejos que Él les contó en los momentos cotidianos de la vida; Jesús les habló y les enseñó todo el tiempo. Sin duda había momentos y lugares que los transportaban a sus enseñanzas y a los tiempos que compartieron con el Maestro. Pero recordemos unas de sus últimas palabras para sus discípulos antes de ascender al cielo, registradas en el libro de Marcos 16:15-18:

"Y les dijo: 'Vayan por todo el mundo y anuncien las buenas nuevas a toda criatura. El que crea y sea bautizado será salvo, pero el que no crea será condenado. Y estas señales acompañarán a los que

crean: en mi nombre expulsarán demonios, hablarán nuevas lenguas, tomarán en sus manos serpientes, cuando beban algo venenoso, no les hará daño, pondrán las manos sobre los enfermos y estos sanarán".

Jesús les dijo a sus discípulos que vayan y anuncien las buenas noticias, que todos se enteren de que Él ya pagó el precio por el pecado y que entiendan que todo el que cree en Él recibirá perdón y vida eterna.

Hoy en día los discípulos estamos por todo el mundo hablando de diferentes maneras acerca de esas Buenas Noticias. Ese es el poder que impulsa a los misioneros a ir a lugares difíciles y que impulsa a la iglesia a la acción; es el poder de la fe en la resurrección de Cristo y en el poder que Él delegó en sus discípulos.

Tal vez no siempre nos vamos a sentir capacitados o aptos para esta misión, tal vez sintamos que no somos tan valientes para ser realmente testigos de Jesús, pero Jesús está en nosotros, Él nos revestirá de Su poder y fuerza interna para contar el mensaje. Seremos capacitados para ser testigos.

Jesús les dijo que el Espíritu Santo les daría poder para ser testigos. Ahora bien, en griego, la palabra testigo es "martys" y significa "mártir".

Un mártir es una persona que sufre o muere por defender su fe, una causa, o sus ideales. Así que, para los discípulos en el libro de Hechos, el máximo testimonio que podían dar del Evangelio era su vida misma.

De hecho, todos los discípulos, excepto Juan, fueron martirizados y asesinados.

Pedro, Andrés, Felipe, Bartolomé y Simón fueron crucificados. Jacobo, Mateo, Tomás y Jacobo hijo de Alfeo fueron torturados de diferentes maneras hasta morir.

Juan fue desterrado en la Isla de Patmos, más tarde fue liberado y murió de muerte natural en el año 100. Judas Iscariote, el que traicionó a Jesús, se suicidó

Y aunque hoy en día la persecución todavía existe en algunas partes del mundo, la realidad es que la mayoría de las personas en el mundo hispanoamericano podemos hablar del Cristo resucitado sin poner en riesgo nuestra vida. Eso nos debe dar un estímulo para continuar la obra que los apóstoles iniciaron entregando su vida.

Estudiaremos la vida de Esteban para poder centrarnos en uno de los primeros seguidores de Jesús que dio su vida sin temor y con firmeza.

Un aspecto más en el contexto histórico es que, cuando un judío aceptaba que Jesús era el Mesías prometido, era expulsado de la sinagoga, de su familia y de la comunidad judía, lo que convertía a los demás cristianos en su única familia. De manera que el compartir la comida, los bienes y las propiedades de los primeros cristianos se hizo algo común. (Hechos 4:32-37).

Mientras formaban las comunidades de cristianos, en Hechos 5:12-42, vemos cómo los discípulos comenzaron a hacer milagros mientras predicaban que Jesús era el Mesías, y eso hizo que la comunidad de cristianos creciera y también diera inicio la persecución por parte de los líderes religiosos que habían crucificado a Jesús.

Nuestra investigación para este día sucede allí, en los campamentos de los primeros convertidos bajo el cuidado de los discípulos. Recordemos que en el día de Pentecostés hubo gente de muchas partes que hablaba diferentes idiomas, es posible que la diferencia de idiomas también causara problemas y por eso los creyentes de habla griega presentaron un reclamo. Pero vayamos a nuestra investigación.

Misterios por resolver:

¿Por qué crees que los discípulos no pudieron callarse, sino que se decidieron a predicar aun si morían?

¿Qué crees que sentían los discípulos cuando eran encarcelados o maltratados por causa del evangelio?

¿Crees que en algún momento ellos pensaron en darse por vencidos?

¿Estaríamos dispuestos hoy en día en dar nuestra vida si fuera necesario por la salvación de otros?

¿Qué harías si el seguir a Cristo representara perder a toda tu familia?

ESPACIO "D"

Nuestra sección para jugar con propósito

Maestro hemos llegado a nuestro tiempo de aprender jugando. Sin darnos cuenta, aquellas cosas que hacemos en medio de risas se graban en nuestros corazones como recuerdos con valor. Sé uno de esos maestros que llena el corazón de sus alumnos de memorias inolvidables y risas imborrables.

Desafío #1: "Bota la lata"

Materiales:

-2 latas de gaseosa vacías
-20 pelotas pequeñas hechas de hojas de papel arrugado

Explicación para los niños:

Se forman dos equipos y cada uno recibirá una lata vacía y 10 pelotas de papel.

Vamos a competir para ver qué grupo puede tirar la lata más veces en 90 segundos. Deben hacer una fila y cada niño tendrá un solo tiro para intentar derribar la lata. Si un participante bota la lata gana un punto para su equipo y debe correr y levantarla para el turno del siguiente participante, si no la tira debe recoger su pelota de papel y correr a la parte de atrás de la fila para intentarlo de nuevo.

Enseñanza:

Así como buscábamos derribar la lata con las pelotas de papel arrugado, debemos saber que tenemos un enemigo que buscará lanzarnos dardos para derribarnos. O tal vez a veces algún niño en la escuela o en el vecindario nos lance palabras que nos lastimen o quieran derribar nuestra autoestima burlándose de nosotros. Pero debes siempre recordar que tienes un escudo de la fe para protegerte de cualquier cosa que quieran lanzar contra ti.

Desafío #2: "Alimenta al León"
Materiales:

-Un cartón con el dibujo de un león con un orificio en la boca abierta
-Bolsitas de arroz o bolsitas pequeñas rellenas con cualquier grano.

Explicación para los niños:

Iniciaremos dividiendo la clase en dos equipos: participaran por turnos y veremos qué grupo alimenta más al león del emperador. Tendrán sesenta segundos cada grupo para intentar introducir la mayor cantidad de bolsas en la boca del león. El grupo que logre poner más bolsitas de arroz en la boca del león, será el ganador.

Material: Sopa de letras

TARJETA "C" + EVIDENCIA

Un dato científico, cultural o contextual + un objeto relacionado

Como vimos en la Explicación del Material, un integrante del equipo que ganó los desafíos será el encargado de abrir la Caja de Misterio. Si hubo un empate o si fue un juego en el que no hubo ganadores realiza un rápido sorteo, jueguen a "Piedra, papel o tijera" o algo similar.

Recuerda que para la Caja de Misterio debes fabricar, comprar, construir o reciclar una maleta de viaje, un baúl de antaño, alguna caja antigua o algún contenedor misterioso. Dedícale atención y tiempo a este contenedor pues lo usarás durante todas las Investigaciones Bíblicas del Nuevo Testamento.

Allí pondrás la Tarjeta "C" y la Evidencia que te explicaremos a continuación. Recuerda que primero deben leer la Tarjeta "C" y luego descubrir la Evidencia.

TARJETA "C"

Maestro, a continuación, encuentra los datos para tu Tarjeta "C"; prepárala con anticipación y asegúrate de escribir los datos que tú consideras más claros y valiosos para tu lección.

Me pregunto por qué los hombres que simplemente iban a administrar y repartir los elementos tenían que ser tan especiales.

Ellos tenían que ser:
-Sabios
-Llenos del Espíritu Santo
-Con buena reputación

Cuando se trata de cuidar a las personas y de discipularlas, se necesita gente con esas cualidades para poder ver los resultados que esperamos en sus vidas.Pero eso sí: todo lo que hagamos, ya sea servir las mesas o predicar la Palabra, siempre debemos hacerlo con la misma excelencia y reflejando a Cristo en cada paso.

El requisito más importante para cualquier clase de servicio cristiano es estar lleno de fe y del Espíritu Santo. Pronto veremos cómo estas cualidades le permitieron a Esteban sobresalir y marcar la historia de los cristianos.

Sugerencias para tu Tarjeta "C":
#1- ¿Crees que los cristianos que enseñan necesitan tener más virtudes que los que cantan, limpian o cuentan la ofrenda? ¿O todos debemos tener una base de valores y virtudes que refleje a Cristo?

#2-Los cristianos eran de diferentes culturas e idiomas, curiosamente los siete elegidos tenían nombres griegos. Sin duda ellos querían asegurarse de que todos pudieran comunicarse y ser entendidos en los diferentes idiomas representados.

#3-Se necesita ser buenos cristianos todo el tiempo; si lo somos cuando nos dan tareas sencillas y no tan importantes Dios nos dará tareas más desafiantes e importantes. Lo más importante es el corazón que buscamos tener cuando las hacemos.

LA EVIDENCIA
Objeto principal: Una bandeja y servilleta de mesero.
Objeto optativo: un peluche de un mono

Explicación para los niños:
Atención, ¿están listos para conocer la evidencia del día de hoy? ¿Seguros que están listos? Cuenten conmigo: a la una, a las dos y a las ¡tres!… (*el niño designado mete la mano en la Caja de Misterio y saca el peluche de un mono*) ¡¡¡Ja ja!!! No, creo que esto no es lo que buscábamos…

Ahora sí, ¿están listos para conocer la evidencia del día de hoy?

¿Seguros? Cuenten conmigo: a la una, a las dos y a las ¡tres!
(*El niño vuelve a meter la mano en la caja y saca ahora la bandeja y servilleta de mesero*)

¿Qué es esto? ¡Es una bandeja y servilleta de mesero!

Hechos 6:1-7 nos presenta una historia interesante. Como dijimos en la introducción, todos los cristianos vivían juntos y los discípulos le repartían la comida a la comunidad. Sin embargo, los cristianos de habla griega se quejaron de que a sus viudas no les daban alimento. Sin duda los creyentes ya eran tantos que requerían personas enfocadas únicamente en la repartición de comida. Entonces los apóstoles dijeron que para que ellos pudieran dedicarse a enseñar, escogerían a siete personas que pudieran administrar la repartición de los alimentos; pero no podía ser cualquiera, sino que debían tener tres requisitos:

"Por lo tanto, hermanos, seleccionen de entre ustedes a siete hombres sabios, llenos del Espíritu Santo y que gocen de buena reputación, y pongámoslos al frente de este trabajo". (Hechos 6:3)

Y aquí comienza nuestra investigación del día de hoy. Entre esos siete se encontraba nuestro héroe y su nombre era Esteban.

EXPEDIENTES

MANUAL DEL AGENTE
Nuestro pasaje bíblico

"Drama del Momento"

Materiales:
-Mesa con mantel, platos y cubiertos
-Túnicas
-Pelucas
 -Pelotas de papel arrugado.

Escena#1 – Acusan a Esteban mintiendo (Hechos 6:8-11)
Nuestro héroe era un mesero que servía la comida a los creyentes; (Elige a un chico de la clase vístelo de Esteban y acércalo la mesa con los utensilios que preparaste).

Esteban no solo servía las mesas, sino que además era un predicador que compartía el mensaje de Jesús, oraba por las personas enfermas y éstas eran sanadas. Las personas religiosas no soportaban que fuera tan sabio, les molestaba su mensaje y se sentían expuestos por la verdad que salía de su boca, por esto contrataron a otras personas para que mintieran diciendo que habían escuchado a Esteban maldiciendo a Moisés y a Dios. Por esta razón Esteban fue arrestado…

Escena#2 – Arresto de Esteban (Hechos 6:12-15)
Ante esta acusación falsa, el pueblo, los ancianos y los líderes religiosos se aseguraron de que Esteban fuera arrestado y tuviera un juicio. Sin embargo, la Biblia dice que Esteban estaba tan lleno del Espíritu Santo que mientras lo enjuiciaban su rostro era como el rostro de un ángel. (Tal vez eso les dio más envidia a los que lo acusaban y prosiguieron con la acusación falsa).

Escena#3 – El Relato de Esteban (Hechos 7: 51-53) Esteban les relató todo lo que los libros de la Ley o los libros de Moisés decían como una prueba inicial de que él no había blasfemado contra Moisés y que menos lo haría contra Dios. Se notaba que conocía la Ley de Moisés y toda su educación judía; sin embargo, hacia el final de su discurso, con toda la autoridad dada por el Espíritu Santo los reprendió:

"¿Hasta cuándo van a estar resistiendo al Espíritu Santo? Claro, ¡de tal palo tal astilla! ¿A cuál de los profetas no persiguieron sus antepasados, que hasta mataron a los que predijeron la venida del Justo, que ustedes acaban de traicionar y asesinar?".

Escena#4 – El Concilio se enoja (Hechos 7:54-60)

La gente del concilio se llenó de enojo y de rabia, todos estallaron de cólera porque las palabras de Esteban fueron con autoridad y les dijo la verdad; las palabras de Esteban exponían sus corazones. Una de las últimas palabras de Esteban están en el versículo 56:

> *"¡En este mismo instante —les dijo— veo los cielos abiertos y al Hijo del hombre de pie a la derecha de Dios!".*

Con mucha rabia y enojo le gritaban que se callara y se tapaban los oídos para no escucharlo, y se le echaron encima para sacarlo de la ciudad.

Escena#5 – Esteban es apedreado hasta morir (Hechos 7:5-8)

Cuando llegaron fuera de la ciudad, le quitaron la ropa y se la entregaron a un joven llamado "Saulo" y luego apedrearon a Esteban. (Pueden lanzar las pelotas de papel, simulando apedrear a Esteban) En medio del ataque Esteban hizo su última oración en el versículo 60:

—¡Señor, no les tomes en cuenta este pecado!

Al terminar esa oración, murió.

Esteban tenía un corazón totalmente entregado a Dios, estaba lleno de su Espíritu Santo y vivió y murió glorificando a Dios.

BITÁCORA DE LABORATORIO

¿Cómo podemos aplicar este pasaje a nuestra vida?

Jesús dijo en Juan 11:25

> *"Yo soy la resurrección y la vida. El que cree en mí, aunque muera, vivirá."*

La palabra *creer* no solo implica saber de Jesús, sino también conocerlo y comprometerse a vivir para Él hasta las últimas consecuencias, incluso si eso implica morir.

Esteban fue un joven que verdaderamente estaba lleno de la presencia del Espíritu Santo a tal punto que no les tenía miedo a los hombres. Podríamos decir que cuando predicas para agradarle a Dios, ya no tendrás miedo o temor de lo que otros puedan decir o hacerte. Cuando pierdes el temor a los hombres, verdaderamente tienes el temor del Señor en tu corazón.

La pregunta que todos debemos hacernos es: ¿verdaderamente estaríamos dispuestos a ir hasta las últimas consecuencias por predicar el evangelio?

Verdadero o Falso

Vamos a decir "Verdadero" o "Falso" a las siguientes preguntas:

1- ¿Esteban era un cristiano común y corriente y no tenía nada especial?

2- ¿Esteban servía las mesas y atendía al pueblo de Dios?

3- ¿La presencia del Espíritu Santo podría verse en Esteban?

4- ¿Los líderes religiosos amaban a Esteban y se tomaban selfies con él?

5- ¿Esteban tenía mucho miedo antes de morir?

Pregunta y Escucha

¿Qué crees que Esteban pensó mientras lo estaban apedreando?

¿Cómo te hubieras sentido en su lugar?

Permite que los niños se expresen, no te apresures en este segmento, es muy importante escuchar el corazón de tus alumnos.

ARCHIVOS DE EXPERIMENTOS

Manos a la obra

Idea#1- (Estudiante Creativo): Lista de emociones
Sienta a los niños de dos en dos para que compartan sus ideas y escriban tres sentimientos que Esteban pudo haber experimentado cuando supo que moriría. Luego pídeles que hagan una oración

por los misioneros que están hoy en los lugares del mundo donde existe persecución contra los cristianos.

Idea#2- (Estudiante Metódico): Postal misionera

Con anticipación, averigua sobre dos o tres misioneros que se encuentren en Medio Oriente o en países lejanos. Si puedes obtén fotos de ellos para comentar con tu clase un poco de su historia. Luego anima a los niños a que les escriban una postal o una tarjeta animándoles a seguir adelante con valentía predicando el evangelio.

Idea#3- (Estudiante Práctico.): Frasco misionero

Prepara un frasco para cada alumno de tu clase y trae algunos stickers que puedan usar para decorar su frasco misionero. La idea es que los motives a llevar el frasco a casa para depositar allí las monedas y vueltos hasta llenar el frasco. Cuando esté lleno, deben traerlo de nuevo a la clase, reunir los frascos de todos y preparar la ofrenda para enviarla a un misionero con una nota y foto de la clase.

Idea#4- (Estudiante Activo): Ventana 10-40

Investiga antes de tu clase acerca de la "Ventana 10-40" y acerca de los países del mundo donde el cristianismo es prohibido y perseguido. Ten una copia del mapa para cada estudiante y coloreen los países donde hay persecución para que ellos oren en casa por la salvación de esas naciones.

Material complementario:

MISIÓN MUNDIAL

PIES DE AGENTES | AGENTES EN LA RED

DESCARGA EL MATERIAL COMPLEMENTARIO EN
WWW.E625.COM/LECCIONES

EPISODIO 8

EL EVANGELIO

INTRODUCCIÓN

El famoso predicador Billy Graham dijo: "El Evangelio no tiene ningún significado a menos que lo apliquemos a nuestro prójimo en necesidad". Eso es lo que lo impulsó toda su vida, logrando que su ministerio tuviera un impacto mundial.

Pero, ¿qué es el evangelio?
En pocas palabras el evangelio es:
"La proclamación del mensaje de Salvación".

Más adelante daremos los puntos principales y respaldos bíblicos para este tema que es la columna vertebral del cristianismo.

En nuestra investigación de este día vamos a explorar dos pasajes bíblicos que nos dan idea de cómo vivieron los primeros cristianos, agradando a Dios, proclamando el Evangelio a través de sus vidas al servicio de los necesitados y recibiendo el respaldo de Dios en todo momento.

Investigación #1: Dorcas

Pasaje de referencia: Hechos 9:36-43

Este pasaje bíblico nos habla de una mujer llamada "Tábita", su nombre en griego se traduce como "Dorcas" y significa "Gacela". Dorcas es conocida por causar un gran impacto en su comunidad porque dice la Biblia que ella abundaba en buenas obras y en limosnas. Ella siempre estaba haciendo cosas por los demás, en especial por las viudas y los pobres.

No sabemos nada de lo que esta mujer dijo, pero sí sabemos mucho acerca de lo que hizo. No hay prédicas ni sermones registrados, pero hay una vida de servicio que habla a gritos y que trascendió para quedar registrada en la Biblia y para que hoy, dos mil años después, continuemos teniéndola como ejemplo.

Si pensamos en el significado de su nombre, "Gacela", es el nombre de un animal de pies ágiles. En la Biblia la gacela se usa como figura del amor romántico (Cantares 2:7).

Dorcas ilustra:
1. La vida de una mujer dedicada a adorar a Cristo y servir a los necesitados.
2. La belleza del carácter cristiano que se mueve ágil para servir, dar yamar con compasión.

La vida de Dorcas no solamente consistía en ser discípula y congregarse como los demás cristianos. Ella fue más allá. Se despojó totalmente de sí misma y se dedicó a los demás. Ella pudo haber sido el equivalente a muchas mujeres que voluntariamente sirven en las iglesias y en lugares de crisis o necesidad y de las mujeres misioneras que hoy en día hacen un impacto alrededor del mundo.

Investigación #2: Aquila y Priscila
Pasaje de referencia: Romanos 16:3-5; 1 Corintios 16:19; 2 Timoteo 4:19.

Este pasaje bíblico nos habla del matrimonio de Aquila y Priscila. Ellos eran ese tipo de pareja que sabe sacar lo mejor de sus vidas, complementándose mutuamente, uniendo fortalezas y trabajando en equipo. Sin duda impactaron a muchos a su alrededor por su trabajo de equipo.

Cada vez que la Biblia los menciona estaban juntos, fueron un matrimonio que, a través de su *unidad*, lograron trabajar en la obra de Cristo de manera eficaz.

Aquila y Priscila conocieron a Pablo en Corinto (Hechos 18:1-3) Y al igual que él eran fabricantes de tiendas, lo que les permitió aliarse para trabajar juntos y tejer no solo telas de cuero sino una amistad cercana.

Era costumbre que los muchachos judíos aprendieran un oficio para vivir de sus ingresos. La fabricación de tiendas era un oficio fácil que podían realizar en cualquier parte a donde viajaran. Su trabajo uniendo paños de tela cocidos con pelo de cabra les permitía sostenerse por sí mismos sin ser una carga para nadie. Aquila y Priscila fueron una pareja cercana y de gran ayuda para Pablo en la formación de discípulos y la extensión del evangelio.

Misterios por resolver:

- ¿Los cristianos en la iglesia primitiva se preocupaban más por ellos mismos que por los demás? ¿Qué fuerza impulsaba a los cristianos a dar toda su vida para ayudar a otros?

- ¿Ves esa misma fuerza en los cristianos de hoy?

- ¿Te gustaría ser como los cristianos de la iglesia primitiva? ¿Por qué?

ESPACIO "D"

Nuestra sección para jugar con propósito

Maestro, hemos llegado a nuestro tiempo de aprender jugando. Prepara tu corazón y recuerda que no estás solamente para pasar conocimiento sino para pasar el gozo de tu corazón a los niños y niñas de tu clase.

Desafío #1: "Tienda de Papel"

Aquila y Priscila trabajaban el cuero y fabricaban carpas. Seguramente era un trabajo muy interesante y divertido... ¿qué te parece si hacemos en la clase con los niños algo divertido también?

Materiales:

-2 rollos de papel regular o papel craft, manila o madera

-2 lazos o cuerdas resistentes

-Tijeras

Explicación para los niños:

Dividiremos la clase en dos grupos. Cada equipo tendrá un tiempo limitado entre cinco y diez minutos, según la edad y la duración de la clase. Vamos a competir para ver qué grupo puede hacer la mejor tienda de campaña para usar en nuestra historia del día de hoy. Cada grupo tiene los mismos materiales y el mismo tiempo. Ganará la tienda mejor armada y que sea a la vez firme y resistente.

Desafío #2: "Abrigo de Papel"

Materiales:

-Papel en pliegos de diferentes colores y de diferentes tamaños

 -Cinta adhesiva

Explicación para los niños:

Dividiremos la clase en dos grupos, vamos a competir para ver qué grupo puede fabricar la mejor ropa para uno los miembros de su equipo. Tendrán un tiempo limitado entre cinco y diez minutos, según la edad y la duración de la clase. Ganará el grupo que fabrique la mejor ropa, hecha con calidad, paciencia y amor.

Enseñanza de este tiempo:

Este tiempo nos enseña de dos cosas que podemos hacer para ayudar a otros: proveer vivienda y proveer vestido. Siempre debemos tener, como familia, un corazón hospedador para dar lugar a alguien que lo necesite: un extranjero que alguien nos pida hospedar, alguien que se muda de país, alguien que sufre un huracán o tempestad de la naturaleza y pierde su casa. Y siempre podemos compartir nuestra ropa con gente que la puede necesitar. ¡Todos tenemos algo que podemos dar!

Material: Sopa de letras y Crucigrama

TARJETA "C" + EVIDENCIA

Un dato científico, cultural o contextual + un objeto relacionado

Como vimos en la Explicación del Material, un integrante del equipo que ganó los desafíos será el encargado de abrir la Caja de Misterio. Si hubo un empate o si fue un juego en el que no hubo ganadores realiza un rápido sorteo, jueguen a "Piedra, papel o tijera" o algo similar.

Recuerda que para la Caja de Misterio debes fabricar, comprar, construir o reciclar una maleta de viaje, un baúl de antaño, alguna caja antigua o algún contenedor misterioso. Dedícale atención y tiempo a este contenedor pues lo usarás durante todas las Investigaciones Bíblicas del Nuevo Testamento.

Allí pondrás la Tarjeta "C" y la Evidencia que te explicaremos a continuación. Recuerda que primero deben leer la Tarjeta "C" y luego descubrir la Evidencia.

TARJETA "C"

Maestro, a continuación, encuentra los datos para tu Tarjeta "C"; prepárala con anticipación y asegúrate de escribir los datos que tú consideras más claros y valiosos para tu lección.

Bueno, imagínense por un momento que Dios les da un talento único como el de hacer tiendas de campaña o carpas para ayudar a personas refugiadas de un país en guerra.

Imaginen gente de Irak o Siria y tú tienes la oportunidad de ayudar, ¿qué harías? ¿Te alejarías porque son refugiados, extraños y ni siquiera puedes hablar su idioma? ¿O buscarías una forma de ayudarlos?

Hoy vamos a investigar a varias personas que, en los inicios de la iglesia, dieron su vida completa para ayudar a otros, para suplir sus necesidades físicas y de familia y que siempre pusieron a Dios y a otros primero y se olvidaron de ellos mismos.

Dios usa poderosamente a la gente que se olvida de sus propios intereses y se enfoca en los intereses y necesidades de los demás. Por último, el Señor fue muy enfático con el pueblo de Dios en que ellos debían cuidar de:

- Viudas,
- Huérfanos
- Levitas (o misioneros)
- Extranjeros

(Éxodo 22:22-23; Deuteronomio 10:18-19; 14:28-29; 15:7-10; 24:19-22; 26:12; Salmo 146:9; Isaías 1:17; 1 Timoteo 5:3; Santiago 1:27; etc.)

Si buscas encontrarás, muchas referencias más y con mayor impacto. Si revisas la vida de Jesús verás cuánto tiempo pasó ayudando a viudas, huérfanos y necesitados.

Ahora bien, si para Dios fue tan importante que el pueblo de Israel tuviera ese estilo de vida y si Jesús vivió ese estilo de vida, ¿no deberíamos nosotros también vivir de esa manera?

Sugerencias para tu Tarjeta "C":

#1- ¿Crees que los cristianos de la iglesia primitiva tenían miedo de predicar de Jesús o eran valientes y no les importaba perder su vida para que otros fueran salvos?

#2-En los tiempos antiguos los cristianos se ayudaban y se cuidaban mutuamente. Buscaban ayudar a los menos necesitados. Recuerda que siempre habrá alguien más necesitado que tú.

#3-El pueblo de Dios siempre ha ayudado a las viudas, huérfanos, misioneros y extranjeros. Como cristianos de los últimos tiempos también debemos vivir con este estilo de vida.

La Evidencia
Objeto principal: un costurero.
Objeto optativo: un traje de payaso (u otra cosa chistosa, recuerda ser creativo)

Explicación para los niños:
Atención, ¿están listos para conocer la evidencia del día de hoy? ¿Seguros? Cuenten conmigo, a la una, a las dos y a las tres... (*el niño designado mete la mano en la Caja de Misterio y saca traje de payaso...*) Muestra el traje de payaso y di algo como:

"¿Será que Dorcas hacía este tipo de ropa?... Mmmmm, no creo, mejor busquemos el verdadero objeto del día de hoy".

Ahora sí. ¿Están listos para conocer la evidencia del día de hoy? ¿Están listos?

Cuenten conmigo, a la una, a las dos y a las tres:
(El niño vuelve a meter la mano en la caja y saca ahora el costurero). ¿Qué es esto?

¡Un costurero! ¿Cuántos de ustedes han visto uno de estos? Seguramente su abuelita o su mamá tienen uno. (Escucha respuestas). Hoy tenemos una clase muy especial porque vamos a investigar dos pasajes bíblicos y los dos tienen que ver con tela, tijeras, hilo y aguja.

Dos historias de cristianos que dieron su vida para servir y ayudar a otros. Dos historias que nos muestran la manera en que vivían los cristianos en la iglesia primitiva.

Imagínense por un momento, viajemos por el tiempo con la imaginación: estás en tu casa con tu familia y todo está bien, pero al aceptar a Jesús en tu corazón como Señor y como Salvador, lo pierdes todo, tienes que irte de casa y alejarte de tu familia. ¿Qué sentirías si te pasara eso? (Escucha respuestas).

En el mundo en que vivimos no nos va a suceder como les sucedió a los cristianos en el inicio de la iglesia, y es muy poco probable que nos apedreen hasta morir por ser cristianos, a menos que Dios nos enviara como misioneros a algún área en donde se persigue a los cristianos.

En la actualidad, Dios no nos pide que "literalmente" demos nuestra vida por otros, ya Jesús lo hizo y no necesitamos hacerlo por nadie más de nuevo. Pero Jesús sí nos dijo la manera en que debemos vivir nuestra vida para honrarlo a Él. Veamos Juan 15:13.

"Nadie tiene más amor que el que da la vida por sus amigos".

Hoy aprenderemos que no necesitamos dar nuestra vida físicamente, pero sí *necesitamos darnos a nosotros mismos*, salir de la comodidad de hacer lo mínimo y decidir dar más. Poner a otros primero, servirlos para mostrarles el Evangelio completo, para que puedan leer a través de nuestra manera de vivir que Dios los ama y quiere salvarlos y que le importan sus necesidades y los detalles de su vida.

EXPEDIENTES
MANUAL DEL AGENTE
Nuestro pasaje bíblico

Dorcas una costurera bondadosa

Idea #1: En el Episodio 6 fabricaste "ponchos" para que los niños se colocaran en las escenas de la historia. Para esta clase puedes hacer una variación con túnicas de papel, utilizando papeles de diferentes colores o estampados.

Materiales: -6 túnicas de papel

Escena #1: (Túnica #1 con el dibujo de una gacela)
Ella es "Dorcas" su nombre significa "Gacela", recuerda: "de pies agiles".

Escena #2: (Túnica #2 con el dibujo de tijeras, hilo y aguja)
La Biblia la describe como una mujer que siempre estaba haciendo algo por los demás, especialmente por los pobres, pero un día cayó enferma y murió. Con tristeza prepararon el cuerpo, pero los discípulos se enteraron de que Pedro estaba cerca de Jope, la ciudad donde estaban ellos, así que le pidieron que por favor viniera.

Escena #3: (Túnica #3 decorada con telas de colores)
Al llegar Pedro encontró el cuarto lleno de mujeres viudas que lloraban con mucha tristeza la perdida de Dorcas, y le mostraban a Pedro los vestidos y túnicas que Dorcas les había hecho. Imagínense, Dorcas estaba dedicada a una obra de amor haciendo túnicas para las viudas y los necesitados... por eso les dolía a todos que ella hubiese muerto pues ella los bendecía continuamente y velaba por sus necesidades.

Escena #4: (Túnica # 4 con la palabra "Levántate" escrita)
La Biblia dice que Pedro les pidió a todos que salieran del cuarto y luego se arrodilló para orar, y dirigiéndose hacia Dorcas dijo "¡Tabita, levántate!" ¡y ella abrió los ojos y se sentó! ¡Imagínense ese momento poderoso!

Escena #5: (Túnica # 5 con el dibujo de una cara feliz)
Pedro llamó a todas las viudas y todos los creyentes y les presento a Dorcas viva. La noticia corrió por toda la ciudad de Jope.

Otras Ideas adicionales para contar la historia son:
Idea #2: Si conservaste la carpa y al alumno con ropa de papel, puedes usarlos para contar las dos historias como parte de un minidrama improvisado en el momento con tus niños.

Idea #3: Puedes escribir en dos rollos de papel, las características de Dorcas, Aquila y Priscila para leerlas a los alumnos mientras relatas los pasajes.

Características de Dorcas: (Referencia: Hechos 9:36-43)
-Era discípula de Jesús.
-Hacía muchas buenas obras.
-Ayudaba especialmente a viudas y huérfanos.
-Estaba llena de amor por el prójimo.

Características de Aquila y Priscila (Referencia: Romanos 16:3-5; 1 Corintios 16:19; 2 Timoteo 4:19)
-Eran discípulos de Jesús.
-Caminaban juntos y unidos.
-Fueron maestros en la iglesia primitiva.
-Hacían tiendas para sostenerse mientras servían a Cristo.
-Fueron amigos cercanos y de gran apoyo para Pablo.
-Tenían una iglesia en su casa.
-Ayudaron a Apolos para compartir el mensaje completo al discipularlo en la muerte y resurrección de Jesús y en la Gran Comisión. (Hechos 18:24-26).

BITÁCORA DE LABORATORIO

¿Cómo podemos aplicar este pasaje a nuestra vida?

La Biblia dice en Isaías 1:17 lo siguiente:
> *"Aprendan a hacer el bien, a ser justos y a ayudar a los pobres, a los huérfanos y a las viudas".*

La Biblia también dice en Génesis que Dios le dijo a Abraham, te voy a bendecir para que tú seas de bendición a otros. Entonces podemos entender que el deseo de Dios es bendecirnos y prosperarnos, pero eso no se queda allí: Dios espera que bendigamos a otros.

Hay tres terrenos en donde Dios espera que bendigamos y ayudemos:

1. Los pobres
2. Los huérfanos
3. Las viudas

Deuteronomio menciona también a los Levitas, quienes eran los encargados de enseñar la Ley fuera del templo; actualmente son los misioneros que están alrededor del mundo enseñando la Palabra de Dios.

La pregunta que todos debemos hacernos es:
¿Estaremos siendo de bendición para la gente que Dios espera que ayudemos?

Verdadero o Falso

Vamos a decir "Verdadero" o "Falso" a las siguientes preguntas:

1- ¿Sólo los cristianos de antes necesitaban ayudar a otros?

2- ¿Jesús nunca ayudó a pobres y viudas?

3- ¿A Dorcas no le importaban las viudas?

4- ¿Aquila y Priscila cocían manteles para las mesas?

5- ¿Los cristianos de hoy debemos ayudar a las viudas, huérfanos, misioneros y extranjeros?

Pregunta y Escucha

¿Conocen ustedes a un cristiano que vive ayudando a otros?

¿Hay gente cerca de ti o que tú conoces a las que podrías bendecir?

¿Conoces alguna viuda o hay en tu iglesia o escuela algún niño huérfano? ¿Tu familia conoce algún extranjero o por medio de tu iglesia sabes de algún misionero?

Permite que los niños se expresen, es muy importante que no te apresures. Conforme se acostumbren a este tiempo, escucharás el corazón de tus alumnos.

ARCHIVOS DE EXPERIMENTOS
Manos a la obra

Idea#1- (Estudiante Creativo): ¿Quién está cerca de ti?:

Divide a tus estudiantes en grupos iguales y permite que entre ellos conversen y escriban acerca de las personas que están cerca de ellos que son viudas, huérfanos, misioneros o extranjeros.

Es clave que les permitas hablar, eso hará que se conecten con el tema, lo asocien con su entorno y busquen llevarlo a la práctica. Si el tiempo te permite, escucha a uno o dos grupos para ver lo que escribieron.

Idea#3- (Estudiante Práctico): Caja misionera

Sin duda tú conoces a un misionero o tu iglesia apoya a uno. Prepara una caja forrada de manera especial y preséntala a la clase; cuenta la historia del misionero/a y diles que durante el próximo mes vamos a preparar una caja para bendecir a esta persona en particular como grupo.

Pueden traer dulces, regalos pequeños y vamos a escribir una nota de ánimo. Al final del mes vamos a enviar por correo esta caja. Si puedes incluye una foto de tu clase para animar al misionero a seguir adelante con esa buena obra.

Idea#2- (Estudiante Metódico): Nota misionera

Antes de empezar de llenar la caja vamos a escribir una nota de ánimo y de bendición. Si tienes una foto del misionero/a, dale tarjetas en blanco u hojas a los niños para que elaboren una nota de ánimo para el misionero de la caja; la idea no es solo mandarle cosas materiales sino también palabras de ánimo.

Idea#4- (Estudiante Activo): Mapa de Oración Ventana 10-40

En la clase anterior hablaste a tus alumnos de la "Ventana 10-40". Para hoy haz una investigación en internet para traer un mapa de oración por las regiones del mundo en donde los misioneros arriesgan su vida por predicar el evangelio.

Material complementario:

MISIÓN MUNDIAL

PIES DE AGENTES | AGENTES EN LA RED

EPISODIO 9

SAULO DE TARSO

INTRODUCCIÓN

Después de Jesús, este hombre fue el que mejor modeló la vida cristiana y vivió imitando a Cristo como pocos hombres lo han logrado. Las cartas que escribió forman el cincuenta por ciento del Nuevo Testamento: Romanos, 1 y 2 Corintios, Gálatas, Efesios, Filipenses, Colosenses, 1 y 2 Tesalonicenses, 1 y 2 Timoteo, Tito, Filemón y Hebreos (sobre este último hay diversas opiniones en cuanto al autor).

Saulo de Tarso el perseguidor de los cristianos, sería luego conocido como Pablo, el apóstol de los gentiles, quien con la misma intensidad con la que había perseguido a los cristianos, luego se dedicaría a la extensión de las buenas noticias a los gentiles.
Judío de nacimiento, creció bajo la enseñanza del mejor rabino de su época, Gamaliel. Se caracterizaba por su profunda religiosidad, su carácter agresivo y el temperamento fuerte y firme con el que hacía todas las cosas.

Con el conocimiento como fariseo y como defensor de la ley, tanto Pablo como los judíos consideraban al cristianismo como una desmoralización del judaísmo y no simplemente como otra secta más, por eso los persiguieron con tanto empeño.

Pablo apareció en escena cuando apedrearon a Esteban y a sus pies colocaron su túnica; Pablo había abrazado como su misión la eliminación de esta nueva corriente religiosa: "el cristianismo".
Fue por eso que pidió cartas para ir a Damasco y apresar a los cristianos de esa ciudad. Lo interesante es por qué Pablo escogió Damasco. Según los historiadores, Damasco era la capital de Siria que tenía una considerable población judía que había huido hasta allí desde Jerusalén cuando comenzó la persecución.

Además, Damasco era una ciudad portuaria que conectaba rutas comerciales hacia Siria, Mesopotamia, Persia y Arabia, de manera que permitir que los cristianos se hicieran fuertes en Damasco era una manera de propagar el mensaje a muchas partes del mundo; por eso era importante para ellos detener el avance del cristianismo específicamente en Damasco.

De Jerusalén a Damasco había aproximadamente 281 Kilómetros o 175 millas. Por eso podemos deducir que no hicieron el viaje caminando sino tal vez a caballo o algún tipo de transporte y por eso, al ser sorprendido llegando a Damasco, Pablo "cayó al suelo". (Hechos 9:3-4).

Camino a Damasco fue la primera vez que Dios se le reveló a Pablo, pero se tienen registradas varias visiones que Pablo tuvo del Señor en el libro de los Hechos (Hechos 9:3-6; 9:11; 16:9-10; 18:9-10; 22:17-18; 23:11; 27:23-24).

Pablo fue un instrumento de Dios; gracias a él, el Evangelio se extendió como nunca antes a los gentiles. Pablo estuvo dispuesto a abrir este difícil camino obedeciendo la misión de llevar el evangelio a los gentiles y hablarles a los judíos de este plan de amor de Dios. Eran dos misiones difíciles pues no era fácil para él, después de ser perseguidor, ahora ser el representante de la causa de Cristo y llevar la voz de este amor a los gentiles a quienes los judíos consideraban indignos del mensaje.

Nuestra Investigación del día de hoy se basará en Hechos capítulo 9; aunque consideramos importante estudiar también:
Hechos 7:58 y 28:31; 1 Corintios 1:13 y 3:4; 2 Pedro 3:15.

Misterios por resolver:
-Saulo de Tarso era un judío que amaba la ley y la defendía a capa y espada. Debió haber sido muy difícil llegar a darse cuenta de que estaba del lado equivocado.
-El cambio de Pablo marcó la historia del cristianismo hasta el día de hoy.

ESPACIO "D"

Nuestra sección para jugar con propósito

Maestro, hemos llegado a nuestro tiempo de aprender jugando, prepárate para hacer de este tiempo algo relevante; que se diviertan pero que aprendan, esa es la meta final, hacer del aprendizaje algo lúdico.

Desafío #1: "Caminata ciega"

Materiales: -Pañuelos para vendar los ojos (la cantidad será de acuerdo a los niños que participen).

-Obstáculos como conos, sillas, mesas, etc.

Explicación para los niños

Hoy jugaremos a la "Caminata ciega". Será muy divertido y también será un desafío. Vamos a dividir al grupo en dos equipos (o en más si son muchos). Se formarán en fila como un trencito y pondrán su mano derecha sobre el hombro de la persona que está adelante. Es importante que no se suelten y que permanezcan en fila, así lograrán terminar con éxito la carrera. El primero de cada fila será el capitán y será el único que podrá ver. Los demás participantes deben vendarse los ojos con los pañuelos.

Vamos a ver qué equipo puede realizar este reto lo más rápido posible superando los obstáculos. Como no podrán ver el desafío será estar comunicados y tener la seguridad de avanzar sin tropezar. A la cuenta de tres todos los participantes se vendarán los ojos, menos el capitán. El maestro marcará una ruta y pondrá obstáculos. A la cuenta de tres el capitán de cada equipo debe avanzar con su equipo siempre en fila, siguiendo el recorrido que con señas le va indicando el maestro. El capitán puede darles ideas a su equipo para que logren pasar cada obstáculo sin accidentarse, pero le dará la instrucción al oído a quien esté detrás de él/ella. Por ejemplo, si el obstáculo es un escalón debe decirle al oído al de atrás: "Escalón, levanta el pie", y este participante a su vez le dará esta instrucción a quien le sigue atrás y así irán pasando la voz hasta el último.

Ganará el equipo que logre hacer el recorrido pasando los obstáculos sin soltarse de la fila y en el menor tiempo.

Desafío #2: "Carrera de ojos vendados"

Materiales: -Vendas o pañuelos (la cantidad será de acuerdo a los niños que participen).

-10 conos naranja para usar como obstáculos

- 2 cornetas o timbres

Explicación para los niños:

Vamos a dividir al grupo en dos equipos (o en más si son muchos) y se colocarán en fila y con los ojos vendados.

Pondremos los conos color naranja como obstáculos. Los chicos deben observar bien el recorrido de obstáculos porque, cuando tengan los ojos vendados, deberán caminar sin derribarlos.

El primero de cada fila saldrá a la cuenta de tres, caminando y tratando de no tumbar los obstáculos. Al llegar al otro extremo lo esperará una corneta que al hacerla sonar le avisará al siguiente en la fila que puede salir y hacer lo mismo.

Ganará el equipo cuyos participantes logren pasar más rápido y sin derribar los conos.

Nota: si algún cono se cae, ese equipo sumará un punto en su contra.

Enseñanza de este tiempo:

No siempre podemos ver con claridad todo lo que Dios hará; a veces nos sentimos como si nos vendaran los ojos. Pero siempre debemos confiar en que Dios está para ayudarnos y pondrá personas a nuestro alrededor para que nos ayuden.

Siempre Dios tendrá una salida y un camino, aunque yo no lo pueda ver.

Material: Sopa de letras y Crucigrama

TARJETA "C" + EVIDENCIA

Un dato científico, cultural o contextual + un objeto relacionado

Como vimos en la Explicación del Material, un integrante del equipo que ganó los desafíos será el encargado de abrir la Caja de Misterio. Si hubo un empate o si fue un juego en el que no hubo ganadores realiza un rápido sorteo, jueguen a "Piedra, papel o tijera" o algo similar.

Recuerda que para la Caja de Misterio debes fabricar, comprar, construir o reciclar una maleta de viaje, un baúl de antaño, alguna caja antigua o algún contenedor misterioso. Dedícale atención y tiempo a este contenedor pues lo usarás durante todas las Investigaciones Bíblicas del Nuevo Testamento.

Allí pondrás la Tarjeta "C" y la Evidencia que te explicaremos a continuación. Recuerda que primero deben leer la Tarjeta "C" y luego descubrir la Evidencia.

TARJETA "C"

Maestro, a continuación, encuentra los datos para tu Tarjeta "C"; prepárala con anticipación y asegúrate de escribir los datos que tú consideras más claros y valiosos para tu lección.

En nuestro Episodio 7, "Los Discípulos", estudiamos a un héroe de la fe llamado "Esteban". Él fue el primer mártir en la historia; puedes leer más sobre Esteban en Hechos 6 y 7.

Uno de los que organizaron la ejecución de Esteban fue Saulo de Tarso. A partir de ese día Saulo empezó una persecución por toda Jerusalén con el fin de encarcelar a los cristianos. (Hechos 8:1-3). Entonces los cristianos tuvieron que huir por Judea y Samaria; esta persecución realmente trajo el cumplimiento y el inicio de la propagación del Evangelio a todo el mundo. Como dijo Cristo, serían testigos en Jerusalén, Judea, Samaria y hasta lo último de la tierra.

Pablo logró encarcelar y martirizar a muchos cristianos, sin embargo, Dios tenía planes que iban a revolucionar las vidas de ese entonces y los destinos de todos los cristianos del mundo hasta el día de hoy.

Sugerencias para tu Tarjeta "C":

1- En este tiempo de la historia era muy peligroso para una persona decir que era cristiana. Si era descubierto tenía que pagar con la cárcel o con su vida.

2- Saulo y los religiosos de esa época tenían por misión eliminar a todos los cristianos porque representaban una amenaza contra el judaísmo.

LA EVIDENCIA

Objeto principal: Una linterna grande con luz fuerte.
Objeto optativo: Una nariz de payaso

Explicación para los niños:

Atención, ¿están listos para conocer la evidencia del día de hoy? ¿Seguros que están listos? Cuenten conmigo, a la una, a las dos y a las tres… (el niño designado mete la mano en la Caja de Misterio y saca la nariz de payaso...) ¡Ups! Creo que esto está aquí por equivocación...

Ahora sí, ¿están listos para conocer la evidencia del día de hoy? Cuenten conmigo, a la una, a las dos y a las tres:

(El niño vuelve a meter la mano en la caja y saca ahora la linterna).
¿Qué es esto? (muestra la linterna)

¿Alguna vez han visto una luz tan fuerte que no les deja ver? ¿Alguien les ha puesto una linterna muy cerca de los ojos y como resultado no pueden ver por unos segundos?

Cuando somos expuestos a una luz muy intensa se produce un efecto que se llama "deslumbramiento" lo cual produce ceguera, es decir, nos deja sin la capacidad de ver. En nuestra investigación del día de hoy vamos a ver la vida de un personaje que un día recibió un deslumbramiento que lo dejó ciego por tres días.

¿Cierra tus ojos por un minuto? Imagínate permanecer así por tres días…sin duda tuvo que ser algo muy impactante y difícil a la vez.

EXPEDIENTES
MANUAL DEL AGENTE
Nuestro pasaje bíblico

Saulo de Tarso (Hechos 9:1-19)
Objetos con Mensaje
Materiales: -Una piedra
           -Linterna de luz fuerte
           -Altavoz
           - Binoculares

Escena#1 – Pablo persigue a los cristianos. Objeto: piedra
(Hechos 8:1-3 y Hechos 9:1-2)
Después de que Esteban fue apedreado (muestra la piedra) Saulo empezó a perseguir a la iglesia y a encarcelar a los cristianos; Saulo creía que el cristianismo era una secta que tenía que ser eliminada y con ese propósito pidió cartas que le dieran permiso para ir a Damasco para arrestar a cuanto cristiano encontraran. Cuando miremos la piedra recordaremos cómo Esteban fue apedreado y que esto marcó el inicio de la persecución a los cristianos.

Escena#2 – Pablo cae al suelo. Objeto: linterna de luz fuerte

(Hechos 9:3-4)

Cuando casi llegaban a Damasco, una luz celestial deslumbrante... (enciende sorpresivamente la linterna) rodeó a Saulo tirándolo al suelo. La luz fue tan brillante y tan sobrenatural que dejó a Pablo vencido en el suelo y sin poder ver. Cuando veamos la linterna recordemos cómo la luz intensa de Dios deslumbró a Saulo cuando iba camino a Damasco.

Escena#3 – Pablo habla con Jesús. Objeto: altavoz

Hechos 9:4-6

En ese momento Saulo escuchó una voz que le dijo: (*saca el altavoz y di fuerte)* "Saulo, Saulo, ¿por qué me persigues?" Y Saulo le respondió: "¿Quién eres, Señor?" Y la voz le respondió: "Yo soy Jesús, quien tú persigues. Levántate y entra en la ciudad y espera instrucciones". Pablo no podía ver, tuvieron que tomarlo de la mano para guiarlo al interior de la ciudad. Cuando veamos el altavoz recordemos la poderosa voz de Dios que le habló a Saulo transformando su corazón para una nueva misión.

Escena#3 – Pablo recibe doble visión. Objeto: binoculares

(Hechos 9:10-18)

En Damasco vivía un discípulo de Jesús llamado Ananías; el Señor le habló por medio de una visión y le dijo que fuera a donde estaba Saulo para poner sus manos sobre él, para orar para que recobrara la vista, (muestra los binoculares) y para que fuera lleno del Espíritu Santo. Ananías obedeció y en el momento Saulo recobró la visión física y recibió la visión espiritual para dedicar el resto de su vida a la proclamación del Evangelio.

Cuando veamos los binoculares recordemos que el poder de Dios no solo le devolvió la vista física a Saulo, sino que también le dio vista espiritual: ahora Pablo podía ver más allá de lo físico. Su manera de ver a los cristianos y a la causa de Cristo cambió radicalmente.

BITÁCORA DE LABORATORIO
¿Cómo podemos aplicar este pasaje a nuestra vida?

La historia de hoy es muy interesante ya que vemos a un hombre luchando contra Dios, maltratando y arrestando a los discípulos del Señor. Saulo quería destruir el mensaje del Señor y evitar que se extendiera por el mundo.

Lo interesante es que Dios escogió a la misma persona que estaba haciendo tanto daño a la iglesia, para convertirlo en una de las voces más firmes que se ha extendido hasta el día de hoy a través de las cartas que escribió a las Iglesias y a los cristianos de todos los tiempos.

La pregunta debemos hacernos es: ¿estaríamos dispuestos nosotros a convertirnos en portavoces del mismo mensaje que proclamó Pablo hasta las últimas consecuencias?

Verdadero o Falso

Vamos a decir "Verdadero" o "Falso" a las siguientes preguntas:
1- ¿Saulo persiguió y encarceló a muchos cristianos?
2- ¿Saulo llegando a Damasco escuchó una voz que lo dejó mudo?
3- ¿Después de ver la luz, Saulo pudo caminar sin problemas?
4- ¿Cuando llegó Saulo a Damasco ayunó por tres días?
5- ¿Una vez que Saulo recibió la vista se convirtió en un mensajero del Evangelio?

Pregunta y Escucha

Si ustedes vieran la misma luz del Señor, ¿qué harían?
¿Alguna vez has escuchado al Señor o has visto alguna visión de parte de Él?
Permite que los niños se expresen; no te apresures en este segmento; es muy importante escuchar el corazón de tus alumnos.

ARCHIVOS DE EXPERIMENTOS
Manos a la obra

Idea#1- (Estudiante Creativo): ¿Y si no vieras?

Maestro, haz esta actividad por parejas. Permite que los estudiantes se sienten uno frente al otro, que ambos se venden los ojos y por cinco minutos deben realizar ciertas tareas que les pedirás, por ejemplo:

Que conversen acerca de cómo se sentirían si quedaran ciegos por tres días

Que dibujen a Pablo camino a Damasco

Que dibujen un autorretrato.

Luego dales tiempo para que se quiten las vendas y compartan sus opiniones.

Idea#2- (Estudiante Metódico): La oscuridad y la vista

Maestro un dato interesante para los alumnos metódicos:

"Se cree que la oscuridad ayuda a fortalecer las células fotoreceptoras en tus ojos, lo que a su vez te ayuda a tener una visión más clara". Es probable que el hecho de dejar a Saulo sin visión haya tenido varios motivos: hacerlo meditar en la verdad, aplacar su orgullo religioso e incluso ayudarle a tener una visión más clara física y espiritualmente.

Pide a los estudiantes que cierren los ojos por treinta segundos y luego al abrirlos lentamente que ubiquen un objeto cualquiera; puedes hacerlo dos o tres veces. Además de ser un buen ejercicio para los ojos, los alumnos tendrán una idea de lo que Pablo sintió al recobrar la vista

Idea#3- (Estudiante Práctico.): Llenura del Espíritu Santo hoy

Debemos recordar que Jesús les dijo a sus discípulos en Hechos 1:8, que iban a recibir poder cuando recibieran al Espíritu Santo y entonces iban a ser testigos. Hoy vimos que Pablo al recobrar la vista no sólo recibió vista física, sino que también le sanó la ceguera espiritual y fue lleno del Espíritu Santo.

¿Sabías que la llenura del Espíritu Santo aun es necesaria para ser testigos y sigue disponible para nosotros hoy? Vamos a orar para que en este momento la llenura de su Espíritu Santo reposo sobré ti a partir de hoy.

Organiza a tus niños para que todos entiendan lo importante de este tiempo y dispongan sus corazones para recibir un toque de Dios. Ora por ellos.

Idea#4- (Estudiante Activo): Ora y testifica a una persona

Ya sabemos que, como Saulo, hemos sido salvos y llenos del Espíritu Santo; ahora necesitamos ponernos en acción, así como lo hizo Pablo.

Organiza a tus niños para que cada uno reciba varias tarjetas en blanco y puedan escribir en ellas los nombres de personas por las que van a orar y van a buscar una oportunidad para hablarles del amor de Cristo y de su sacrificio en la cruz para salvarlos.

Material complementario:

MISIÓN MUNDIAL

PIES DE AGENTES | AGENTES EN LA RED

EPISODIO 10

LOIDA, EUNICE Y TIMOTEO

INTRODUCCIÓN

En nuestra investigación de hoy hablaremos de Timoteo, nombre griego que significa, "aquel que honra a Dios". Timoteo era un joven hijo de padre griego y madre judía, algo cultural y religiosamente muy complicado. La Palabra no menciona nada de la influencia de la fe de este padre sobre su hijo, posiblemente no era cristiano y se cree que murió temprano en su vida.

Por esa razón, Timoteo crece bajo la influencia de una madre y abuela fieles a Cristo e intencionalmente comprometidas en la formación de la fe de Timoteo. Esa educación hizo que el ministerio de Timoteo ayudara a cambiar el mundo antiguo y a los cristianos del mundo de hoy.

Hoy en nuestra investigación, veremos el resultado del trabajo de una abuela y una madre que decidieron involucrarse en la formación y traspaso de la fe.

La abuela Loida y la madre Eunice fueron quienes enseñaron e impactaron la vida de Timoteo en casa, con la Palabra de Dios.

Se cree que Loida y Eunice aceptaron a Cristo en el primer viaje misionero de Pablo (Hechos 13:13-14:21); ya para el segundo viaje Timoteo que tenía una sólida educación judía, más la revelación de Cristo. Estuvo listo cuando llegaron Pablo y Silas por segunda vez, se unió a ellos y fue parte del segundo y tercer viaje misionero de Pablo.

Esa abuela y esa madre, tal vez cometieron errores durante el camino de la educación, pero la promesa es que Su palabra no vuelve vacía: siempre produce fruto (Isaías 55:11) en las nuevas generaciones que enfrentan tantos retos familiares. *"No nos cansemos de hacer el bien, porque si lo hacemos sin desmayar, a su debido tiempo recogeremos la cosecha"*. Gálatas 6:9

Después de su primera experiencia con Juan Marcos, es posible que Pablo fuera más paciente y le diera más oportunidades a Timoteo, a tal grado que este joven se convirtió en el representante de Pablo en varias ocasiones. También lo dejó como pastor en la iglesia de Éfeso y le escribió dos cartas personales. Es posible que Timoteo fuera quien conoció mejor a Pablo hasta el punto que fue considerado como un hijo para él. (Filipenses 2:20-22).

Según la información que tenemos, Pablo le escribió la primera carta a Timoteo y a Tito después de su primer encarcelamiento en Roma y luego escribió la segunda carta a Timoteo desde su segundo encarcelamiento también en Roma.

De Timoteo aprendemos que la juventud no debe ser una excusa para ser inoperantes en la obra de Cristo y que nuestros defectos o incapacidades no deben impedirnos el estar disponibles para Dios. Sin embargo, los desafíos que enfrentaba Timoteo fueron verdaderos desafíos. (2 Timoteo 3:1-8). Timoteo era el pastor de la iglesia en Éfeso, una ciudad fuertemente idólatra a la diosa Diana, cuyo templo fue destruido siete veces y también reconstruido siete veces. La iglesia en Éfeso se encontraba rodeada de muchos conflictos, entre ellos:

-La iglesia estaba siendo fuertemente influenciada por el mundo.
-La iglesia había perdido su primer amor.
-Las doctrinas del mundo estaban queriendo ser incorporadas a la iglesia.

Para cualquier pastor estos desafíos son grandes obstáculos en el trabajo por eso es que Pablo le animó para que avivara el fuego del don de Dios que estaba en él. (2 Timoteo 1:6-7).

Misterios por resolver:
- ¿Necesitaremos venir de una familia perfecta para servir al Señor?
- ¿Será posible que Dios use a las personas desde temprana edad?

- ¿Qué tanta influencia tienen los abuelos en la vida de los nietos?
- ¿Podrá un padre solo (sin su cónyuge) levantar hijos fuertes en Dios?

ESPACIO "D"

Nuestra sección para jugar con propósito

Maestro, hemos llegado a nuestro tiempo de aprender jugando; prepárate para hacer de este tiempo algo relevante. Jugar no sólo resulta beneficioso para los pequeños, sino también para sus padres y maestros. Jugar crea momentos de conexión y afirma las relaciones. Sin duda jugar generará momentos para conocer mejor a tus alumnos.

Desafío #1: Preguntas y colores
Materiales:

-Pelotas de colores (rojo, verde, amarillo, negro, naranja, celeste, rosado y marrón)
-Carteles de colores con las preguntas
-Recipiente para poner las pelotas

Explicación para los niños:

Vamos a pasar entre nosotros este recipiente con pelotas y cada uno debe de tomar una del color que prefiera.

Cuando ya todos tengan una pelota en la mano empezaremos el juego que consiste en preguntas de acuerdo al color de la pelota que elegimos. Por medio de estas preguntas vamos a conocernos un poco más.

Preguntas según el color:

Rojo= ¿Cuál es tu libro favorito?
Verde= ¿Cuál es tu programa de TV favorito?
Amarillo= ¿Cuál es tu día de la semana favorito?
Negro= Si pudieras tener un súper poder, ¿cuál elegirías?
Naranja= ¿Cuáles son las vacaciones de tus sueños?
Celeste= ¿Cuál es tu comida favorita?

Rosado= ¿Cuál es tu animal favorito?
Marrón= ¿Cuál es tu videojuego favorito?

Desafío #2: Aviones de Papel
Materiales:
-una hoja para cada alumno (si son de diferentes colores, mejor)
-lapiceras o marcadores

Explicación:
Cada niño debe escribir el nombre de sus abuelos en la hoja y luego hacer de la hoja un avión de papel. Cuando estemos listos, todos tiraremos el avión al aire y cada uno debe tratar de capturar un avión que no sea el suyo. Luego vamos a sentarnos en círculo y trataremos de averiguar de quién de nosotros son los abuelos que aparecen en nuestro avión.

Enseñanza de este tiempo:
Para ser un niño o joven que pueda desarrollar un corazón recto y maduro debes estar dispuesto a aprender en cada etapa de tu vida. Parte del aprendizaje que puedes recibir de personas adultas viene de tu buena actitud para escuchar a tus padres, aprender de ellos, hacer preguntas y estar dispuesto a ser corregido por tus autoridades en casa, en la iglesia y en la escuela.

Hoy hablaremos de un joven que estuvo dispuesto a ser formado por su mamá, su abuela y un mentor. Este joven escuchaba y atesoraba las enseñanzas en su corazón y estuvo dispuesto a ser dirigido, enseñado y corregido por su líder.

Material: Sopa de letras y Crucigrama

TARJETA "C" + EVIDENCIA
Un dato científico, cultural o contextual + un objeto relacionado

Como vimos en la Explicación del Material, un integrante del equipo que ganó los desafíos será el encargado de abrir la Caja de Misterio. Si hubo un empate o si fue un juego en el que no hubo ganadores realiza un rápido sorteo, jueguen a "Piedra, papel o tijera" o algo similar.

Recuerda que para la Caja de Misterio debes fabricar, comprar, construir o reciclar una maleta de viaje, un baúl de antaño, alguna caja antigua o algún contenedor misterioso. Dedícale atención y tiempo a este contenedor pues lo usarás durante todas las Investigaciones Bíblicas del Nuevo Testamento.

Allí pondrás la Tarjeta "C" y la Evidencia que te explicaremos a continuación. Recuerda que primero deben leer la Tarjeta "C" y luego descubrir la Evidencia.

TARJETA "C"

Maestro, a continuación, encuentra los datos para tu Tarjeta "C"; prepárala con anticipación y asegúrate de escribir los datos que tú consideras más claros y valiosos para tu lección.

La ciudad de Listra era una ciudad griega que no consideraba a Dios, es más, tenía muchos dioses falsos y en especial tenían un templo construido a la diosa Diana. En medio de una cultura extraña y dioses falsos vivía Eunice, una judía cuyo esposo era griego. Como lo describe el original, parece que su esposo murió, entonces en la Biblia encontramos que en Listra vivía Eunice junto a su mamá Loida, y las dos se dedicaron a educar a Timoteo. Loida y Eunice, como judías, educaron a Timoteo con todo el conocimiento de la Palabra de Dios que en ese entonces consistía en el Pentateuco o los libros de Moisés (Génesis, Éxodo, Levítico,

Números y Deuteronomio). Pero su vida fue transformada cuando Pablo y Silas pasaron por allí en su primer viaje misionero: ellas aceptaron a Jesús como el Mesías y desde entonces completaron la educación de Timoteo con el conocimiento de Jesucristo.

Cuando Pablo llegó por segunda vez a Listra, Timoteo tenía alrededor de veinte años y estaba listo para ser usado por Dios, y es aquí donde nos encontramos en nuestra investigación del día de hoy.

Sugerencias para tu Tarjeta "C":
#1-La historia de hoy es de una familia greco-judía, es decir dos culturas unidas la griega y la judía; pero no sólo eso, sino que, al morir el esposo, únicamente quedó la mamá y la abuelita para educar del pequeño.

#2-La abuela se llamaba Loida, la mamá se llamaba Eunice y nuestro héroe se llamaba Timoteo.

#3-Timoteo se convirtió en la mano derecha del apóstol Pablo, fue su representante en diferentes ocasiones y Pablo lo estimó tanto que hasta lo trató como si fuera su hijo.

LA EVIDENCIA

Objeto principal: foto de tu familia.
Objeto optativo: Un ratón de plástico.

Explicación para los niños:
Atención, ¿están listos para conocer la evidencia del día de hoy? ¿Seguros que están listos? Cuenten conmigo, a la una, a las dos y a las tres…… (el niño designado mete la mano en la Caja de Misterio y saca el ratón de plástico…) ¡Ja ja! Me parece que nos equivocamos, vamos a intentarlo de nuevo.

Ahora sí, ¿están listos para conocer la evidencia del día de hoy? Cuenten conmigo: a la una, a las dos y a las tres. (*El niño vuelve a meter la mano en la caja y saca ahora la foto).*

¿Qué es esto? *(Muestra la foto y describe a los que están en ella, por ejemplo:)*

Esta es una foto de mi familia, mis abuelos ya no están con nosotros, ya están en el cielo. Estos son mis papás y mis hermanos. ¿Saben una cosa niños? No existe la familia perfecta, todas somos diferentes y todas tenemos diferentes desafíos, pero Dios siempre bendice a aquellas familias que lo buscan. Así que, si tú piensas que los problemas que has tenido en tu familia te descalifican para ser un instrumento en las manos de Dios, hoy vamos a descubrir que esto no es así.

Vamos a investigar la vida de un muchacho que creció en medio de dos culturas, que tal vez era tímido e inseguro, pero que los consejos de su abuela y mamá lo ayudaron a encontrar el plan de Dios para su vida.

EXPEDIENTES
MANUAL DEL AGENTE
Nuestro pasaje bíblico

Material:
- Mapa y piedra
- Biblia
- Mochila de viaje
- Vara de pastor

Maestro, hemos dividido la historia en cuatro secciones y tienes un objeto para enfatizar lo que sucedía alrededor de Timoteo en cada etapa.

#1 Mapa y piedra: Pablo inicia sus viajes misioneros y es apedreado.
#2 Biblia: La abuela y mama de Timoteo se dedicaron a enseñarle la Palabra para hacer de él un joven especial.

#3 Mochila de viaje: Timoteo se une a Pablo en los viajes misioneros.
#4 Vara de Pastor: Timoteo fue delegado para pastorear y cuidar de algunas iglesias.

#1 – **Pablo y Silas visitan Listra: (muestra el mapa y la piedra)**
(Hechos 14:8-23)

Pablo y Silas en su primer viaje misionero pasaron por Listra, donde testificaron y oraron por un cojo quien pudo caminar. Estos hechos sacudieron la ciudad, pero otros judíos que venían de Antioquía e Iconio engañaron y convencieron a un grupo para apedrear a Pablo para que muriera. Sin embargo, Pablo sobrevivió y siguió predicando en otras ciudades. Aquí en estos acontecimientos, Loida y Eunice recibieron el mensaje de Cristo.

#2 – **Eunice y Loida educan a Timoteo: (muestra la Biblia)**
(1 Timoteo 1:5 y 3:15)

Loida y Eunice, judías devotas, ahora tenían el mensaje completo para educar a Timoteo; desde la visita de Pablo a Listra, la Biblia nos enseña que ellas empezaron a leer y enseñar las Sagradas Escrituras a Timoteo aun cuando era tan solo un niño; al exponerlo a las Escrituras, él obtuvo la sabiduría necesaria para alcanzar la salvación a través de creer en Cristo Jesús.

#3 – **Timoteo viaja con Pablo: (muestra la mochila de viaje)**
(Hechos 16:1-5)

La segunda vez que Pablo llegó a Listra Timoteo ya tenía alrededor de veinte años; al conocerlo y escuchar el buen testimonio que los creyentes de Listra tenían de él, Pablo le pidió que lo acompañara en su viaje. Se aseguraron de que los apóstoles y ancianos de Jerusalén estuvieran de acuerdo y fue así como empezó la aventura de maestro y alumno. Timoteo caminó con Pablo aprendiendo la manera de propagar el Evangelio entre los gentiles.

#4 – **Timoteo en Éfeso: (muestra la vara de Pastor)**
(1 Timoteo 1:3-4)

La Biblia nos enseña que Pablo dejó a Timoteo pastoreando la iglesia en Éfeso. Pablo siguió proclamando el Evangelio entre los gentiles y dejó a Timoteo con la labor de pastor. De hecho, le escribió dos cartas que ahora son dos libros en nuestra Biblia en el Nuevo Testamento: 1 y 2 Timoteo.

En ellas Pablo le envía palabras de ánimo, le recuerda que la sana doctrina es aquella que viene de la Palabra, que no permita que la gente lo menosprecie por ser joven y que avive el fuego del don de Dios que estaba en él.

La Biblia no registra nada más sobre la vida de Timoteo, pero la tradición nos dice que se mantuvo fiel hasta el final, siguiendo el ejemplo de su maestro Pablo. Sin duda, aunque no tengamos la familia perfecta, Dios en verdad quiere usarnos, así como usó al joven Timoteo.

BITÁCORA DE LABORATORIO
¿Cómo podemos aplicar este pasaje a nuestra vida?

Hoy hemos oído la excelente historia de un joven que, sin importar los problemas en su casa, buscó al Señor y le sirvió hasta que encontró el propósito de Dios para su vida.

Tal vez puedas pensar que Dios no puede usarte porque tu familia ha pasado muchas cosas difíciles. Quiero que pienses un momento en que las dificultades de Timoteo nunca lo detuvieron ni fueron un impedimento, todo lo contrario: él se esforzó en encontrar el plan que Dios tenía para él, realizarlo y mantenerse fiel hasta el fin.

Verdadero o Falso

Vamos a decir "Verdadero" o "Falso" a las siguientes preguntas:

1- ¿Timoteo tenía una familia perfecta?
2- ¿Timoteo creció y fue educado por su papá y mamá?
3- ¿Timoteo no quería ir acompañando a Pablo?
4- ¿Pablo se convirtió en el mentor de Timoteo y lo quiso como si fuera su propio hijo?

Pregunta y Escucha

Quiero que piensen un momento y luego respondan:
¿Qué problema hay en tu casa que pudiera hacerte sentir que no podrás hacer nada para Dios? Después de escuchar acerca de Timoteo, ¿ahora crees que Dios puede usarte?

Permite que los niños se expresen, no te apresures en este segmento, es muy importante y, a medida que se acostumbren a él, escucharás el corazón de tus alumnos.

ARCHIVOS DE EXPERIMENTOS
Manos a la obra

Idea#1- (Estudiante Creativo): Familia perfecta

Vamos a sentar a los niños en parejas para que conversen respecto a qué características hacen falta para que su familia sea "perfecta". No hay familias perfectas ni respuestas equivocadas. Realmente lo que queremos es que los niños identifiquen aquellas áreas con las que el enemigo puede hacerlos dudar o tener miedo.

Idea#2- (Estudiante Metódico): El avión de oración

Cada estudiante recibirá un papel para escribir aquellos problemas que hay en su casa que le entristecen y le hace pensar que Dios no lo puede usar. Una vez que terminen de escribir, harán un avión de papel con la hoja donde escribieron. Luego pon una canasta u otro recipiente al frente y diles que echen el avión allí para que tú estés orando por ellos.

Nota: asegúrate de leer y orar por todo lo que los chicos escribieron. Eso será importante para que el Señor se mueva en tu clase y abre la posibilidad para que sucedan milagros.

Idea#3- (Estudiante Práctico.): Mis maestros

Divide varias hojas en cuatro partes y entrégaselas a los niños. La actividad consiste en escribir los nombres de cuatro adultos de los cuales aprenden algo. Deben anotar en cada cuadro dos o tres cosas que han aprendido de ellos. Y mientras lo hacen deben pensar cómo debió sentirse Timoteo al aprender de su abuela, de su madre y de Pablo.

Idea#4- (Estudiante Activo): Mi mentor

A esta actividad debes planificarla desde la semana anterior pidiéndoles a los niños que traigan una foto de alguien que les haya enseñado muchas cosas buenas. (Puede ser mamá, papá, abuelos, tíos o cualquier otro). Ahora en una hoja dividida en dos, deja un espacio para la foto y en el otro coloca el título: "Esto es lo que he aprendido de ti…"

En clase deberán pegar la foto y escribir todas aquellas habilidades, hábitos y actitudes que han aprendido de esa persona.

Material complementario:

MISIÓN MUNDIAL

PIES DE AGENTES | AGENTES EN LA RED

EPISODIO 11

CARTA DE JUDAS

INTRODUCCIÓN

Hay un dicho popular que dice: "Los mejores perfumes se guardan en los frascos más pequeños", y hoy descubriremos que se aplica también para los libros de la Biblia.

En el Nuevo Testamento Judas es el cuarto libro más corto, los otros son: Filemón y 2 y 3 Juan.

Con tan sólo veinticinco versículos presenta un mensaje poderoso y relevante para cristianos de todos los tiempos y en especial para los que nos toca vivir hoy.

Judas es un libro pequeño del que se pueden sacar muchas enseñanzas, pero hoy en nuestra investigación nos centraremos en tres aspectos esenciales:

1-La defensa de la Palabra y la sana doctrina
2-La defensa del Nombre de Jesús
3-La advertencia contra la apostasía

1-La defensa de la Palabra:

En ese entonces empezaron a infiltrarse entre los creyentes gente que quería confundir a los cristianos haciéndoles creer que podían vivir de la manera que quisieran sin ninguna consecuencia eterna; que un cristiano podía vivir como quisiera pues una vez estando en Cristo no se esperaba nada de ellos. Falsos maestros y falsa doctrina.

Hoy en día, como en ese entonces, estamos expuestos a muchos mensajes y muchas enseñanzas. Pero nosotros debemos volvernos a la Palabra, abrazar la doctrina que está escrita en ella sin importar lo que diga la gente a nuestro alrededor o cualquier idea nueva que, aunque sea atractiva, no tiene fundamento en la Palabra.

Hoy más que nunca debemos defender, atesorar y guardar la Palabra en nuestros corazones. Es fácil guiarse por tendencias, emociones y por sueños o revelaciones sueltas, pero nuestro único fundamento seguro es la sana doctrina que solo podemos encontrar en La Biblia.

2-La defensa del Nombre de Jesús:

En ese tiempo el cristianismo estaba bajo un ataque muy fuerte por parte de Roma. La declaración del nombre de Jesús se había convertido en una amenaza para la gente, pronunciar el nombre de "Jesús" podía ofender a otros y causar su muerte. Hoy en día parece que estuviéramos volviendo a vivir esos tiempos, mucha gente evita decir el nombre de Jesús para evitar ofender a otros. Ojalá nunca lleguemos a tener temor o vergüenza de declarar el nombre que es sobre todo nombre: Jesús.

3-La advertencia contra la apostasía:

Cuando la gente se aleja y aparta de la verdad de Dios para abrazar enseñanzas falsas, a eso se le llama "apostasía".

El volver atrás después de caminar en la luz es un grave error; por otro lado, dentro de la iglesia se estaba viviendo una amenaza: se estaba infiltrando gente con una doctrina incompleta. Es posible que fueran los inicios del gnosticismo. Los creyentes debían permanecer firmes al nombre de Jesús y a Su Palabra, defendiendo su fe, peleando en medio de esta batalla espiritual por la verdad.

Judas, medio hermano de Santiago y de Jesús (Marcos 6:3) escribió esta carta alrededor del año 65-70 d.C. y aunque no especifica a quién dirige la carta, por las referencias que menciona del Antiguo Testamento se asume que la envió a los judíos cristianos en Palestina.

Misterios por resolver:

-Judas nos aconseja con respecto a la verdadera actitud que debemos tener los cristianos frente a la Palabra, a Jesús y frente a los falsos maestros.

-El mundo que enfrentaban los judíos cristianos en Palestina era un mundo muy parecido al que enfrentamos los cristianos hoy.

ESPACIO "D"

Nuestra sección para jugar con propósito

Este es el tiempo valioso de aprender jugando. Sin duda este tiempo puede convertirse en un recurso valioso para dejar sellada una verdad importante en los corazones de los niños.

Desafío #1: 2 verdades y 1 mentira

Materiales: -Ninguno

Explicación para los niños:

Haz una rueda con todos los niños. Dales un minuto para pensar en tres cosas para compartir con la clase. Deben ser dos verdades y una mentira y una vez que lo digan, los compañeros deben tratar de descubrir cuál de las tres es mentira. Inicia el juego tú como maestro, compartiendo las tres cosas así los estudiantes ven cómo se hace.

Por ejemplo:
-Soy alérgico al maní
-Tengo como mascota a una iguana
-Tengo miedo a las Alturas

¿Cuál es la mentira?

Después de que termines tu parte y los chicos traten de encontrar cuál fue tu mentira, será el turno de cada uno de ellos de hacer lo mismo. Ganan todos los que logren desenmascarar la mentira.

Enseñanza de este tiempo:

Vivimos tiempos en los que se le llama malo a lo bueno y bueno a lo malo, escucharás a muchas personas diciendo mentiras que parecen verdad. Por eso es muy importante que leas la Biblia y conozcas bien la verdad, así cuando alguien trate de engañarte con las mentiras de este tiempo no podrá ya que tú sabrás descubrir las mentiras.

Desafío #2: La Telaraña
Materiales:
-Una bola de lana tamaño mediano, o dependiendo del número de estudiantes.

Explicación para los niños:
Vamos a sentarnos en círculo y voy a decir mi nombre y el nombre de mi animal favorito. Sostendré con una mano el extremo de la lana y lanzaré la bola de lana a alguno de ustedes. A quien se la lance debe sujetar la lana y tensarla, decir su nombre y animal favorito y lanzar la bola de lana a alguien más en el grupo que debe hacer lo mismo. Poco a poco sin soltar la lana se irá tejiendo una telaraña.

Al final vamos a regresarla diciendo el nombre de quien nos lanzó la lana y su animal favorito hasta que la lana se enrolle de regreso y me regrese al primero que la lanzó.

Material: Sopa de letras y Crucigrama

TARJETA "C" + EVIDENCIA
Un dato científico, cultural o contextual + un objeto relacionado

Como vimos en la Explicación del Material, un integrante del equipo que ganó los desafíos será el encargado de abrir la Caja de Misterio. Si hubo un empate o si fue un juego en el que no hubo ganadores realiza un rápido sorteo, jueguen a "Piedra, papel o tijera" o algo similar.

Recuerda que para la Caja de Misterio debes fabricar, comprar, construir o reciclar una maleta de viaje, un baúl de antaño, alguna caja antigua o algún contenedor misterioso. Dedícale atención y tiempo a este contenedor pues lo usarás durante todas las Investigaciones Bíblicas del Nuevo Testamento.

Allí pondrás la Tarjeta "C" y la Evidencia que te explicaremos a continuación. Recuerda que primero deben leer la Tarjeta "C" y luego descubrir la Evidencia.

TARJETA "C"

Maestro, a continuación, encuentra los datos para tu Tarjeta "C"; prepárala con anticipación y asegúrate de escribir los datos que tú consideras más claros y valiosos para tu lección.

Este libo fue escrito por Judas, hermano de Jesucristo, y es una carta para los cristianos de todas las épocas incluyendo la nuestra. Ellos experimentaban persecución exterior por parte de Roma y en el interior por parte de falsos maestros con enseñanzas y doctrinas contrarias a la Palabra.

Por eso en el versículo 3 dice: *"... pero ahora es preciso escribirles para que luchen y defienda con firmeza la verdad que Dios, una vez y para siempre, dio a su santo pueblo".*

Judas nos anima a luchar y defender la verdad...

Sugerencias para tu Tarjeta "C":

#1-Hoy vamos a investigar un tiempo del mundo en el que los cristianos tenían que luchar por la sana doctrina, por defender la verdad. Nosotros hoy tenemos la misma misión de defender la Biblia, que es la palabra de Dios.

#2-Por fuera, la iglesia era fuertemente perseguida por Roma, pronunciar el nombre de "Jesús" era razón para ser maltratado, perseguido y encarcelado. Hoy también la gente necesita valentía para no temer mencionar el nombre de nuestro Salvador, Jesucristo.

#3-Y por dentro, la iglesia estaba enfrentando maestros que se estaban infiltrando para confundir a la gente y vivir de maneras contrarias a lo que la Palabra nos enseña.

LA EVIDENCIA

Objeto principal: Una Biblia antigua, si es posible pequeña y tal vez desgastada, o un libro antiguo sin letras en la portada.

Objeto optativo: un zapato viejo y roto

Explicación para los niños:

¡Atención! ¿Están listos para conocer la evidencia del día de hoy? ¿Seguros que están listos? Cuenten conmigo, a la una, a las dos y a las tres… (*el niño designado mete la mano en la Caja de Misterio y saca el zapato viejo …. ¿Quién dejó su zapato aquí en mi maleta?* ¡Intentemos de nuevo!

¿Están listos para conocer la evidencia del día de hoy? Cuenten conmigo, a la una, a las dos y a las… ¡tres! (*El niño vuelve a meter la mano en la caja y saca ahora la Biblia).*
¿Qué es esto?
Esto es nada más y nada menos que "La Biblia". Este libro que tenemos aquí, es el libro más antiguo, se considera el libro más influyente en la historia de la humanidad.

Su influencia en la historia mundial no tiene comparación, cada año se venden cien millones de Biblias y se ha traducido en al menos 2.454 idiomas.

Se calcula que se han vendido alrededor de cinco mil millones de copias de la Biblia. Toda la Biblia se escribió en un período aproximado de mil quinientos años, con cuarenta escritores y con el Espíritu Santo como el autor e inspirador, en Hebreo, Arameo y Griego.

Ahora gozamos de la mayor cantidad de versiones, tamaños y estilos que en cualquier otro tiempo de la historia, además de tener acceso a la mayor cantidad de Biblias electrónicas y en internet. Y claro, muchas opciones para la audio Biblia en muchos idiomas también.

Hoy más que nunca tenemos todo lo que necesitamos para atesorar la Biblia en nuestros corazones y sobre eso vamos a investigar.

EXPEDIENTES
MANUAL DEL AGENTE
Nuestro pasaje bíblico

Idea de relato: "Los Consejos de Judas"

Idea #1: Usa cuatro sobres de papel manila o papel madera tamaño carta o media carta y enúmeralos del 1 al 4. Hablaremos de cuatro consejos que Judas nos da en su carta.

Idea #2: Toma una cartulina y divídela en cuatro. En cada una haz una copia de las figuras de juego de póker del 1 al 4 respectivamente, para estudiar los cuatro consejos que Judas nos da.

1. Lucha y defiende la verdad.

"... pero ahora es preciso escribirles para que luchen y defiendan con firmeza la verdad que Dios, una vez y para siempre, dio a su santo pueblo." Judas 1:3b

La Biblia es la verdad y es necesario que como cristianos hagamos de la Palabra el centro de referencia para nuestras vidas y decisiones. Necesitamos no solo leerla, sino también meditarla, repetirla, catarla, orarla y hacer todo lo que podamos por conocerla para estar preparados y poder defender la verdad cuando venga gente a querer confundirnos o a querer cuestionar nuestra fe.

2. Cuídate de los falsos maestros

"Algunas personas perversas se han infiltrado entre ustedes y afirman que, como Dios es bueno, uno puede hacer lo que se le antoje, y de esa manera niegan a nuestro amo y Señor, Jesucristo. La condenación de ellos hace mucho tiempo está señalada." Judas 1:4

Los falsos maestros malinterpretaban la gracia de la salvación al convertirla en una licencia para el libertinaje. Judas les recuerda que no podrán evitar la condenación por enseñar cosas falsas y contrarias a la Palabra.

3. Cuida tus actitudes de cristiano

"Pero ustedes, amados míos, manténganse firmes en su santísima fe; aprendan a orar guiados por el Espíritu Santo; entréguense al amor de Dios y esperen el día cuando nuestro Señor Jesucristo, en su misericordia, nos dará la vida eterna." Judas 1:20-21

Judas nos recomienda:
Primero: mantenernos firmes en la fe, no dudar ni bajar la guardia.
Segundo: aprender orando en el Espíritu.
Tercero: entregarnos al amor de Dios.
Cuarto: esperar el día en que el Señor nos dará la vida eterna.

4. Reconoce del nombre de Jesús

"Y ahora, que la gloria, la majestad, el imperio y la potencia sean eternamente del único Dios, Salvador nuestro por medio de Jesucristo, quien tiene poder para conservarlos sin caída y, con gran alegría, presentarlos sin tacha ante su gloriosa presencia. Amén." Judas 1:24-25

Hay un nombre que es conocido en todo el mundo, pero no todo el mundo le permite el control de su vida; ese nombre es "Jesús", no hay otro nombre igual. Es a quien seguimos y servimos; nunca nos avergoncemos de declararlo.

BITÁCORA DE LABORATORIO

¿Cómo podemos aplicar este pasaje a nuestra vida?

Los consejos de Judas no eran solamente para ese tiempo; Marcos 13:31 nos enseña que, aunque pase el tiempo, lo único que permanece igual es Su Palabra. Es por eso que la Biblia es nuestro mejor punto de referencia para vivir. Si la atesoramos en nuestro corazón, fortaleceremos nuestra fe, y sabremos cuando alguien nos intente convencer de algo incorrecto.

Verdadero o Falso

Vamos a decir "Verdadero" o "Falso" a las siguientes preguntas:

1- ¿No necesitamos leer la Biblia todos los días ni atesorarla en nuestros corazones?

2- ¿En la iglesia se habían infiltrado falsos maestros?

3- ¿Los falsos maestros querían confundir a los cristianos?

4- ¿Si atesoramos la Palabra en nuestro corazón nuestra fe será más firme??

Pregunta y Escucha

Quiero que piensen un momento y luego respondan:

¿Han visto ustedes a alguna persona que enseña algo diferente a lo que está en la Biblia? ¿Qué le dirías a una persona que te diga algo que tú sabes que no es lo que la Biblia dice?

Permite que los niños se expresen, no te apresures en este segmento; es muy importante escuchar el corazón de tus alumnos.

ARCHIVOS DE EXPERIMENTOS

Manos a la obra

Idea#1- (Estudiante Creativo): ¿Qué dice la Biblia?

Divide a tus alumnos en grupos de cuatro y permite que cada grupo analice el mismo enunciado, para concluir si es correcto o incorrecto de acuerdo a la Biblia. Por ejemplo: "Los cristianos pueden decir mentiras blancas o mentiras piadosas". Cada grupo debe decir si es falso o verdadero, buscar un versículo para respaldar su conclusión y luego presentarlo a la clase.

Idea#2- (Estudiante Metódico): Falso o Verdadero:

En una hoja, escribe varios enunciados correctos e incorrectos y al lado las opciones de "Verdadero" y "Falso". La meta es que los estudiantes hagan un círculo en la respuesta que consideren correcta según lo que dice cada enunciado y lo que conocen de la Biblia. Si tienen dudas pueden dejar en blanco para responder todos juntos cuando lo revisemos.

Nota: El listado realmente depende de la edad de tus alumnos, pero es importante que incluyas enunciados que ellos mismos pueden estar haciendo o que en las escuelas se están escuchando. Puedes incluso preguntar a los padres al respecto para poner afirmaciones relevantes.

Idea#3- (Estudiante Práctico.): Meditando

La Biblia fue un regalo de Dios para nosotros; no la dejó solo para que la guardáramos bien o para llevarla de vez en cuando a la iglesia. Busca en tu Biblia tu versículo favorito; debes subrayarlo y copiarlo en la tarjeta en blanco que recibirás. Tu meta es repetirlo las veces que puedas durante el día y el próximo domingo vamos a ver quién puede decir el versículo de memoria y compartir lo que el Señor te ha dicho a través de ese verso durante la semana.

Idea#4- (Estudiante Activo): Jesús

El nombre "Jesús" se compone de cinco letras. Puedes fabricar una mano en la que cada dedo tenga una letra y forme "Jesús". También puedes fabricar con tus alumnos un sticker para el automóvil que diga "Jesús". Es importante que la gente que nos conoce sepa que seguimos a Jesús y seguimos su ejemplo: Él es nuestro Señor y amigo.

Material complementario:

MISIÓN MUNDIAL

PIES DE AGENTES | AGENTES EN LA RED

DESCARGA EL MATERIAL COMPLEMENTARIO EN
WWW.E625.COM/LECCIONES

EPISODIO 12

LA REVELACIÓN DE JESÚS

INTRODUCCIÓN

Estamos a punto de iniciar una de las mejores investigaciones de todos los tiempos. El libro de Apocalipsis es tal vez el libro menos leído y mucho menos estudiado por los cristianos, tal vez por temor o por no saber interpretarlo. Pero no te preocupes, con los niños no estudiaremos escatología ni haremos un análisis de las visiones que Juan tuvo y que incluyó en el libro.

Apocalipsis está escrito en un método literario judío conocido como "apocalíptica" que empleaba imagines simbólicas para comunicar ánimo a quienes se hallaban en medio de persecución.

Este libro tiene muchos temas que podríamos estudiar, pero para el estudio con los niños nos centraremos en dos puntos:
1-Apocalipsis significa, "revelación" o "descubrir". Apocalipsis revela a Cristo.
2-El mensaje a las siete iglesias de Asia menor.

1-Apocalipsis revela a Cristo

La Biblia termina con un libro maravilloso donde presenta la soberanía de Dios. *"Yo soy la A y la Z, el principio y el fin, el primero y el último"* (Ap. 22:13). Él es un Dios creador a pesar del mundo que se apartó de Él. Es Dios mismo quien diseñó el plan de redención. Y nos encontramos con un Dios todo poderoso tocando a la puerta de nuestro corazón:
"Yo estoy siempre a la puerta y llamo; si alguno escucha mi voz y abre la puerta, entraré y cenaré con él y él conmigo". Apocalipsis 3:20

Apocalipsis revela el poder de Cristo y cómo regresa para salvar a Su pueblo y a redimir a Su creación. Viene con poder y vence al diablo y a la muerte; viene a establecer un cielo nuevo y tierra nueva.

Pero vamos a resaltar algunas descripciones con las cuales Apocalipsis se refiere a Jesús:

[1:8] La A y la Z
[1:8] Señor Dios
[1:8] Todopoderoso
[1:13] Hijo de Hombre
[1:17] El Primero y el Último
[1:18] El que vive
[2:18] Hijo de Dios
[3:14] Testigo fiel
[4:11] Creador
[5:5] León de la tribu de Judá
[5:5] Raíz de David
[5:6] Cordero
[7:17] Pastor
[12:10] Cristo
[19:11] Fiel y Verdadero
[19:13] El Verbo de Dios
[19:16] Rey de Reyes
[19:16] Señor de señores
[22:16] Estrella de la mañana

Claro que Apocalipsis nos revela a nuestro Cristo, nuestro poderoso Salvador. Pero todo este mensaje era necesario que lo recibieran las siete iglesias de Asia, ya que la persecución realmente había tomado fuerza y este mensaje les daría ánimo para no desmayar sino para seguir pelando hasta el final. Y eso nos lleva al segundo punto en el que haremos énfasis.

2-El mensaje a las siete iglesias de Asia

Asia en ese entonces comprendía el territorio que hoy conocemos como Turquía. Este es un resumen de lo que el Señor le reveló a Juan para cada una de las iglesias de ese lugar.

#1- Iglesia de Éfeso:

Referencia: 2:1-7. Elogio: Arduo trabajo, paciencia. Regaño: Dejó el primer amor. Acción: Recuerda y arrepiéntete. Si se arrepiente: "Al que salga vencedor le daré a comer del fruto del árbol de la vida que está en medio del paraíso de Dios".

#2- Iglesia de Esmirna:

Referencia: 2:8-11. Elogio: Tribulación, pobreza Regaño: Ninguno Acción: No temas, sé fiel. *"Sé fiel hasta la muerte y yo te daré la corona de la vida... El que salga vencedor no sufrirá daño alguno de la segunda muerte".*

#3- Iglesia de Pérgamo:

Referencia: 2:12-17. Elogio: Fieles a la fe. Regaño: Permisiva. Acción: Arrepiéntete Si se arrepiente: *"El que salga vencedor comerá del maná escondido, y le daré una piedra blanca en la que habré grabado un nuevo nombre que sólo conoce el que lo recibe".*

#4- Iglesia de Tiatira:

Referencia: 2:18-29. Elogio: Amor, fe, servicio. Regaño: Inmoralidad. Acción: Arrepiéntete. Si se arrepiente: *"Al que salga vencedor y se mantenga hasta el final haciendo lo que me agrada, le daré autoridad sobre las naciones... ¡Y también le daré la estrella de la mañana!".*

#5- Iglesia de Sardis:

Referencia: 3:1-6. Elogio: Eficaz. Regaño: Superficial. Acción: Sé vigilante y arrepiéntete. Si se arrepiente: *"El que salga vencedor recibirá ropa blanca; no borraré su nombre del libro de la vida sino que reconoceré su nombre ante mi Padre y ante sus ángeles".*

#6- Iglesia de Filadelfia:

Referencia: 3:7-13. Elogio: Fiel. Regaño: Ninguno. Acción: Retén lo que tienes. *"Al que salga vencedor, lo convertiré en columna del templo de mi Dios y ya no saldrá jamás de allí. Escribiré en él el nombre de mi Dios y el nombre de la ciudad de mi Dios —la nueva Jerusalén que el Señor hará descender del cielo—, y llevará escrito en él mi nuevo nombre".*

#7- Iglesia de Laodicea:

Referencia: 3:14-22. Elogio: Ninguno. Regaño: Tibia Acción: Sé celoso y arrepiéntete. Si se arrepiente: *"Al que salga vencedor, le daré el derecho de que se siente junto a mí en el trono, de la misma manera que al vencer yo me senté con mi Padre en su trono".*

Material extra: Resumen

Misterios por resolver:

-Mientras nos preparamos para que Jesús regrese por nosotros debemos mantener la fe y confianza de quién es Él y todo lo que ha hecho por nosotros. Conocerlo cada día debe ser nuestro mayor deseo y nuestra meta mayor.

-Conocer las virtudes que el Señor alabó de las iglesias es importante para asegurarnos de practicarlas.

-De la misma manera, conocer aquellas cosas por las cuales reprendió a las iglesias es muy importante para evitar cometer las mismas acciones.

-Pero lo más importante es conocer la bendición detrás del arrepentimiento: es un don maravilloso que sólo el Dios verdadero puede darnos.

Disfruta de nuestra última investigación.

ESPACIO "D"

Nuestra sección para jugar con propósito

Es nuestro valioso tiempo de diversión. Como es la última lección de nuestras aventuras a través del Nuevo Testamento, hoy sólo jugaremos para divertirnos y quedarnos con una gran sonrisa en nuestro corazón.

Desafío #1: La Hula Preguntona

Materiales:

-2 hula -hula o aros grandes de plástico
-Tiras de papel de colores preferiblemente
-Marcador
-Cinta para papel o de pintor

Explicación para los niños:

Toma diez tiras de papel y escribe en cada una de ellas diferentes preguntas curiosas como: ¿Cuándo te bañaste por última vez? ¿Alguna vez te has reído con tantas ganas que te dolió la barriga? ¿Alguna vez te caíste y se rieron de ti? ¿Alguna vez te perdiste de tus padres? Una vez que tengas las preguntas escritas pégalas alrededor de la hula con la cinta y asegurándote que no se caigan en medio del juego

Explicación para los niños:

Vamos a tomarnos de la mano y mientras suena la música vamos a pasar la "hula preguntona"; cuando la música pare, a la persona que le quede la hula, deberá quitar una de las tiras de papel y responder en voz alta la pregunta.

Repite las veces que el tiempo lo permita.

Desafío #2: Caminando sobre el agua
Materiales:

-4 vasos desechables, color rojo

-4 vasos desechables, color azul

-10 pelotas de pin-pong

Explicación:

Llena de agua tres vasos y deja el cuarto vacío.

Se debe colocar una pelota de pin-pong en el primer vaso y la meta es soplar con la fuerza correcta para mover la pelota de vaso a vaso hasta lograr que entre al vaso vacío. Si la pelota cae o salta dos vasos, debe empezar desde el principio nuevamente. Gana quien logre meter más pelotas en el vaso vacío en sesenta segundos.

Material: Sopa de letras y Crucigrama

TARJETA "C" + EVIDENCIA

Un dato científico, cultural o contextual + un objeto relacionado

Como vimos en la Explicación del Material, un integrante del equipo que ganó los desafíos será el encargado de abrir la Caja de Misterio. Si hubo un empate o si fue un juego en el que no hubo ganadores realiza un rápido sorteo, jueguen a "Piedra, papel o tijera" o algo similar.

Recuerda que para la Caja de Misterio debes fabricar, comprar, construir o reciclar una maleta de viaje, un baúl de antaño, alguna caja antigua o algún contenedor misterioso. Dedícale atención y tiempo a este contenedor pues lo usarás durante todas las Investigaciones Bíblicas del Nuevo Testamento.

Allí pondrás la Tarjeta "C" y la Evidencia que te explicaremos a continuación. Recuerda que primero deben leer la Tarjeta "C" y luego descubrir la Evidencia.

TARJETA "C"

Maestro, a continuación, encuentra los datos para tu Tarjeta "C"; prepárala con anticipación y asegúrate de escribir los datos que tú consideras más claros y valiosos para tu lección.

Juan era el último apóstol que había quedado vivo, sin embargo, no dejó de predicar el Evangelio y por eso los romanos lo arrestaron y lo exiliaron a la isla de Patmos. (Apocalipsis 1:9). Estando allí el Señor le dio un mensaje especial para las iglesias.

Cuando el Señor le dio el mensaje de Apocalipsis, estaba preparando a las iglesias para un período de persecución que iban a tener que enfrentar. Los romanos de ese tiempo empezaron a forzar a la gente a adorar al emperador y los cristianos que sostenían que Cristo era el Señor fueron víctimas de persecución.

El mensaje de Juan alienta a los fieles a soportar y mantenerse fieles hasta las últimas consecuencias.

Sugerencias para tu Tarjeta "C":
#1-Los soldados romanos forzaban a la gente a reconocer al César como señor. Si un cristiano no lo reconocía, era perseguido.

#2-Dios le dio un mensaje específico a las siete iglesias de Asia para que se fortalecieran y se mantuvieran fieles a pesar de los problemas que pudieran venir.

La Evidencia
Objeto principal: Fotos de diferentes puertas, clásicas y modernas. Pueden ser fotos de revistas.
Objeto optativo: un manojo de ajo.

Explicación para los niños:
Atención, ¿están listos para conocer la evidencia del día de hoy? ¿Seguros? ¿Están listos? Cuenten conmigo, a la una, a las dos y a las tres… (el niño designado mete la mano en la Caja de Misterio y saca el manojo de ajo) ¡Qué olor!

Probemos otra vez, ahora sí. ¿Están listos para conocer la evidencia del día de hoy?
Cuenten conmigo, a la una, a las dos y a las tres… (el niño vuelve a meter la mano en la caja y saca ahora las fotos de las puertas).

¿Qué es esto? Muestra las puertas.
Son diferentes tipos de puertas…las puertas son la forma de acceder o entrar a algún lugar. A veces debemos tocar a la puerta para poder entrar.

¿Sabías que Jesús quiere cenar contigo? Jesús quiere tener una comunión contigo exactamente igual a la que tenemos con primos y amigos. Él es un Dios cercano y Apocalipsis 3:20 dice:
"Yo estoy siempre a la puerta y llamo; si alguno escucha mi voz y abre la puerta, entraré y cenaré con él y él conmigo".

¿A quiénes invitamos a cenar en nuestra casa?

Casi siempre es gente con la que nos gusta pasar el tiempo: abuelos, tíos, nuestros primos y mejores amigos.

Nos sentamos a cenar porque disfrutamos de pasar el tiempo con las personas especiales.

Hoy vamos a conocer un poco más de Jesús, quién es Él y todo lo que Él hará cuando vuelva por nosotros. También veremos algunas actitudes que debemos desarrollar y mantener en nuestra vida para estar listos cuando regrese.

EXPEDIENTES

MANUAL DEL AGENTE
Nuestro pasaje bíblico

Idea de relato: ¿Qué dice la bolsa?

Idea #1:
Necesitarás siete bolsas de papel. De un lado las enumerarás del uno al siete y del otro lado les colocarás el nombre de una de las siete iglesias y en el interior se sugiere tres objetos para que relates el mensaje de Dios a esa iglesia.

Si tus niños son muy chicos, puedes escoger dos o tres iglesias con las cuales se puedan relacionar más y aumenta el número de bolsas según la edad de tus alumnos. Para interactuar con la clase, escoge a un estudiante que pase al frente para sostener la bolsa y luego inicias el relato.

Bolsa #1 – Iglesia de Éfeso:
(Apocalipsis 2:1-7)
Objeto#1: palita de jardinería (u otra herramienta de jardinería)
Objeto#2: reloj sin batería

Objeto#3: una fruta de temporada

Este fue el mensaje de Dios para la iglesia en Éfeso:
(Saca la palita y explica)

Conozco las buenas obras que haces, he visto el trabajo duro que haces y que eres paciente. No toleras a los malvados ni mentirosos. Y que has sufrido por el evangelio sin rendirte. Pero…
(Saca el reloj sin batería y golpéalo un par de veces)

Hay algo malo en ti: ¡Ya no me amas como al principio! Has dejado de hacer lo que hacías al principio. Arrepiéntete y trabaja como lo hacías antes. *(Saca la fruta de temporada)*

"Al que lo haga y salga vencedor le daré a comer el fruto del árbol de la vida que está en medio del paraíso de Dios". (v.7)

Bolsa #2 – Iglesia de Esmirna:
(Apocalipsis 2:8-11)
Objeto#1: zapato de bebé sucio y roto
Objeto#2: un encendedor
Objeto#3: una corona

Este fue el mensaje de Dios para la iglesia en Esmirna:
(Saca el zapato de bebé sucio y roto)

La iglesia en Esmirna estaba padeciendo pobreza debido a la persecución, pero ellos se mantenían fieles a pesar todo.
(Saca el encendedor y enciéndelo mientras explicas)

Jesús elogió a la iglesia de Esmirna por su fe en medio del sufrimiento. Aunque los maltratos querían apagar su llama habían permanecido fieles. El Señor les da ánimo con una promesa.
(Saca la corona colócasela al niño que sostiene la bolsa)

"Sé fiel hasta la muerte y yo te daré la corona de la vida". (v.10)

Debes vivir para buscar, agradar y defender al Señor hasta tu último respiro.

Bolsa #3 – Iglesia de Pérgamo:
(Apocalipsis 2:12-17)
Objeto#1: anillo de bodas
Objeto#2: una brújula
Objeto#3: una piedra blanca y lisa

Este fue el mensaje de Dios para la iglesia en Pérgamo:
(Saca el anillo de bodas)

Este anillo representa la felicidad de los esposos. Jesús le dijo a la iglesia que se había agradado de su fidelidad: aunque ya habían tenido un mártir en la ciudad, ellos seguían fieles.
(Saca la brújula mientras explicas)

Sin embargo, como la ciudad tenía cuatro dioses muy fuertes en ese entonces, poco a poco se empezaron a hacer permisivos a ciertas costumbres. Por lo tanto, debían arrepentirse. ¿Qué es arrepentirse? Es cambiar de rumbo. Es como ir caminando hacia el sur y de pronto detenerse, darse vuelta y comenzar a caminar hacia el norte. Eso es el arrepentimiento: un cambio de comportamiento.
(Saca la piedra blanca)

A los atletas que ganaban en los juegos griegos, les daban como parte del premio, una piedra blanca que le daba acceso a la fiesta de campeones. Jesús le dice lo mismo a su iglesia: el que permanezca y gane, recibirá acceso a las bodas del cordero y a la celebración de los campeones de la fe.

Bolsa #4 – Iglesia de Tiatira:
(Apocalipsis 2: 18-29)
Objeto#1: un corazón
Objeto#2: una regla de grados (180 grados)
Objeto#3: una estrella

Este fue el mensaje de Dios para la iglesia en Tiatira:
(Saca el corazón)
Conozco tus obras de amor, fe y servicio y que haces más obras de las que hacías antes.
(Saca la regla de 180 grados mientras explicas)

Sin embargo, has permitido prácticas inmorales en el pueblo, necesitas arrepentirte, girar a 180 grados y volverte a mí.
(Saca la estrella)

El Señor como parte de un premio ofrece a todo cristiano que permanezca fiel, darle la "estrella de la mañana". (v.28)

Bolsa #5 – Iglesia de Sardis:
(Apocalipsis 3:1-6)
Objeto#1: Calculadora
Objeto#2: El cascarón de un huevo vacío – superficial
Objeto#3: una bata blanca

Este fue el mensaje de Dios para la iglesia en Sardis:
(Saca la calculadora)

Conozco tu fama de que eres preciso y exacto, que pretendes estar vivo, pero estás muerto.
(Saca el cascarón de huevo vacío mientras explicas)

Despiértate y cuida lo poco que te queda. Vuélvete a lo que oíste y creíste al principio; guárdalo firmemente y arrepiéntete.
(Saca la bata blanca)

"El que salga vencedor recibirá ropa blanca; no borraré su nombre del libro de la vida". (v.5)

Bolsa #6 – Iglesia de Filadelfia:
(Apocalipsis 3:7-13)
Objeto#1: perrito de peluche

Objeto#2: un ladrillo de cartón u objeto de construcción

Este fue el mensaje de Dios para la iglesia en Filadelfia:
(*Saca el perrito de peluche*)

Recibe afirmación por su esfuerzo por obedecer y por no haber negado el nombre del Señor...
(*Saca ladrillo u objeto de construcción mientras explicas*)

Retén lo que tienes para que nadie te quite tu corona y yo te haré una columna de mi templo y llevarás escrito mi nombre. (v.11)

Bolsa #7- Iglesia de Laodicea:
(Apocalipsis 3:14-22)
Objeto#1: Bolsa de agua caliente (con agua fría en su interior)
Objeto#2: Colirio para ojos
Objeto#3: Una silla en miniatura

Este fue el mensaje de Dios para la iglesia en Laodicea:
(*Saca la bolsa de agua caliente*)

El Señor reclama a la iglesia de Laodicea que conoce que sus obras no son ni frías ni calientes, por lo tanto, le vomitará de su boca. Lo que quiere decir es que la gente de Laodicea mezclaba el bien con el mal y no se definía por hacer solo lo malo, o solo lo bueno.
(*Saca el colirio mientras explicas*)

Le dice que se ponga colirio en sus ojos para que sean curados y pueda volver a ver con claridad para seguir la verdad.
(*Saca la silla*)

Si cambias y vences, te daré el derecho que te sientes junto a mí en el trono de mi padre. (v.21)

BITÁCORA DE LABORATORIO

¿Cómo podemos aplicar este pasaje a nuestra vida?

¡Guau! Esos fueron varios consejos que el Señor le dio a su iglesia para estar preparada para los últimos tiempos.

Verdadero o Falso

Vamos a decir "Verdadero" o "Falso" a las siguientes preguntas:

1- ¿Todas las iglesias estaban haciendo las cosas bien?

2- ¿El mensaje a cada iglesia solo les decía lo bonito que querían oír?

3- ¿El propósito al confrontar la iglesia era solo que se pusieran tristes?

4. ¿El mensaje de las cartas buscaba que las iglesias cambiaran?

Pregunta y Escucha

Haz las siguientes preguntas a los niños:

¿Crees que, si Jesús viniera hoy, la iglesia estaría lista?

¿Qué crees que podemos hacer en la iglesia para estar mejor preparados?

Permite que los niños se expresen, no te apresures en este segmento. Es muy importante escuchar el corazón de tus alumnos.

ARCHIVOS DE EXPERIMENTOS

Manos a la obra

A esta sección la vamos a dedicar a las descripciones acerca de Jesús que presenta Apocalipsis. Nuevamente puedes escoger el número de descripciones según la edad de tus alumnos.

Idea#1- (Estudiante Creativo): A y Z

Vamos a hacer una actividad en parejas. En un minuto deberán hablar de lo que creen que significa Apocalipsis 1:8, "Yo soy la A y la Z" y escribir sus opiniones en la tarjeta para luego compartirlo con la clase.

Idea#2- (Estudiante Metódico): Hijo de Hombre

¿Sabías que la expresión "Hijo del Hombre" aparece ochenta y ocho veces en el Nuevo testamento? Lee Apocalipsis 1:13 y luego anota en la tarjeta lo que para ti significa que Jesús fuera llamado de esa manera.

Idea#3- (Estudiante Práctico.): El Verbo de Dios:

Lee Apocalipsis 19:13. Ten preparadas cuerdas para saltar. Recuérdales a tus estudiantes que verbo significa acción y movimiento; permite que por unos minutos salten la cuerda y luego siéntalos en círculo para hablar sobre de qué maneras el Señor es el verbo hoy en nuestros días.

Idea#4- (Estudiante Activo): Jesus es...

Toma una hoja donde coloques los pasajes bíblicos del lado izquierdo de la hoja y los nombres que éstos le dan a Jesús mezclados en una columna. Deben tratar de unir el nombre con el pasaje correcto. Luego deben llevar la hoja a casa para compartir con la familia los nombres de Jesús. (Búscalos en la Introducción de este capítulo).

Material complementario:

MISIÓN MUNDIAL

PIES DE AGENTES | AGENTES EN LA RED

ALGUNAS PREGUNTAS QUE DEBES RESPONDER:

¿QUIÉN ESTÁ DETRÁS DE ESTE LIBRO?

Especialidades 625 es un equipo de pastores y siervos de distintos países, distintas denominaciones, distintos tamaños y estilos de iglesia que amamos a Cristo y a las nuevas generaciones.

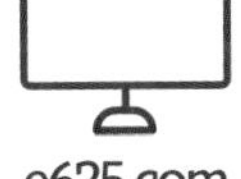

e625.com

¿DE QUÉ SE TRATA E625.COM?

Nuestra pasión es ayudar a las familias y a las iglesias en Iberoamérica a encontrar buenos materiales y recursos para el discipulado de las nuevas generaciones y por eso nuestra página web sirve a padres, pastores, maestros y líderes en general los 365 días del año a través de **www.e625.com** con recursos gratis.

zona de contenido
PREMIUM

¿QUÉ ES EL SERVICIO PREMIUM?

Además de reflexiones y materiales cortos gratis, tenemos un servicio de lecciones, series, investigaciones, libros online y recursos audiovisuales para facilitar tu tarea. Tu iglesia puede acceder con una suscripción mensual a este servicio por congregación que les permite a todos los líderes de una iglesia local, descargar materiales para compartir en equipo y hacer las copias necesarias que encuentren pertinentes para las distintas actividades de la congregación o sus familias.

¿PUEDO EQUIPARME CON USTEDES?

Sería un privilegio ayudarte y con ese objetivo existen nuestros eventos y nuestras posibilidades de educación formal. Visita **www.e625.com/Eventos** para enterarte de nuestros seminarios y convocatorias e ingresa a **www.institutoE625.com** para conocer los cursos online que ofrece el Instituto E 6.25

¿QUIERES ACTUALIZACIÓN CONTINUA?

Regístrate ya mismo a los updates de **e625.com** según sea tu arena de trabajo: Niños- Preadolescentes- Adolescentes- Jóvenes.

¡APRENDAMOS JUNTOS!

e625.com   �f 𝕏 📷 ▶ **/e625**COM

e625
te ayuda todo el año

www.e625.com te ofrece
recursos gratis